Licht-Botschaften

Ursula Scheit

Licht-Botschaften des Aufgestiegenen Meisters Hilarion

ch. falk-verlag

Originalausgabe

© ch. falk-verlag, seeon 2003
2. Auflage, Mai 2005

Umschlaggestaltung: Ch.Falk und W. Scholze
  Mandala: *Licht von Chartres* von Wolfgang Strohmayer
  aus seinem Buch *Die hohe Kunst der Meister*
  mit freundlicher Genehmigung der Edition Nordwald, Zwettl

Satz: Plejaden Publishing Service, Neetze
Druck: Druckerei Sonnenschein, Hersbruck
Printed in Germany
ISBN 3-89568-116-4

Inhalt

Teil I

Botschaften vom 16. 10. 2001 – 5. 12. 2001

Einleitung

Vor fast genau einem viertel Jahr habe ich angefangen, Botschaften aus der geistigen Welt aufzuschreiben. Vielleicht habe ich auch schon früher welche empfangen, aber nicht darauf geachtet und sie nicht bewußt wahrgenommen.

Wie kam es dazu?

Sicherlich nicht ohne eine Zeit der Vorbereitung. Zum Verständnis hole ich ein wenig aus.

Vor ungefähr 17 Jahren begann ich zu meditieren und über Begriffe wie Selbstverwirklichung, Erleuchtung, Loslassen nachzudenken. Nach relativ kurzer Zeit machte ich verschiedene tiefgehende, erstaunliche Erfahrungen, zum Teil mystischer Natur.

Bald darauf wurde ich als Geistheilerin tätig, begann intensiv zu beten, und meine größte Bitte an Gott war die, Sein Werkzeug sein zu dürfen, Seinen Willen zu tun und Seine Stimme zu hören.

Wie es im Leben so geht, gab es Zeiten intensivster Meditation und Innigkeit mit Gott, aber auch lange Phasen, in denen ich mich als vollkommen getrennt und wie abgeschnitten von allem Spirituellen fühlte.

Während dieser „Durststrecken" fühlte ich kaum Kraft, mich überhaupt aufzuraffen, auch nur einmal am Tag kurz zu beten oder zu meditieren.

Solch eine „leere" Zeit, die mir schrecklich lang erschien, ging dem Tag der ersten Hilarion-Botschaft voraus. Allerdings hatte ich mich schon ein halbes Jahr zuvor für ein Zen-Sesshin angemeldet, das in der letzten Oktoberwoche 2001 stattfand.

Endlich hatte ich da die Gelegenheit, mich weder um Kind noch Haushalt noch sonst etwas „Irdisches" kümmern zu müssen, sondern ich konnte all meine Kraft und Konzentration auf den Geist richten, was ich mit Hilfe des Wortes „ICH BIN" dann auch während der 8 Tage fast ununterbrochen tat.

Ab und zu hatte mir schon einmal eine Freundin von Channelings oder Menschen, die channeln, und ihren Sitzungen und Seminaren erzählt, und ich spürte dabei jedesmal so etwas wie eine leichte Wehmut in mir, was ich mir nicht erklären konnte.

Am Wochenende vor der ersten Botschaft besuchte mich diese Freundin, obwohl sie eigentlich eine andere Verabredung hatte, die sie absagte, weil ihre innere Stimme ihr ganz deutlich mitteilte, sie müsse *mich* besuchen.

Sie erzählte wieder von verschiedenen Personen und Treffen, bei denen es um Channelings ging, und ich war diesmal seltsam intensiv daran interessiert und „ganz Ohr". Irgendwie war mir bewußt, daß dieses Treffen ganz wichtig war.

Wessen Botschaften bei diesen Sitzungen, von denen meine Freundin erzählte, gechannelt wurden, wußte ich schon am nächsten Tag nicht mehr, die Namen waren mir sofort wieder entfallen. Erst nachdem ich selbst schon viele Seiten dieses Buches zu Papier gebracht hatte, rief ich meine Freundin an, um sie nochmals zu fragen, wie diese Meister heißen, von denen sie gesprochen hatte. Es waren Lady Nada, Hilarion und noch ein Meister. Ich war völlig überrascht und erstaunt, denn Hilarions Namen hatte ich vorher gar nicht bewußt aufgenommen.

Die Tatsache, daß offenbar andere Menschen Hilarion auch channeln, veranlaßte mich zu der Frage vom 6. 11. 2001, warum er durch mich spricht.

Nun, meine Freundin hatte mir einiges erzählt, und ich spürte eine leichte Traurigkeit, daß ich nicht die Gelegenheit hatte, an solchen Channelings und Seminaren oder gar Ausbildungen teilzunehmen, fühlte mich aber gleichzeitig irgendwie fast „high" und wie elektrisiert.

Am 16.10.2001 setzte ich mich morgens hin zur Meditation (was ich vor dem Zen-Sesshin vernachlässigt hatte, seitdem aber wieder intensiv und regelmäßig praktizierte), als ich den starken Impuls spürte, Block und Stift zur Hand zu nehmen und einfach drauflos zu schreiben. Ich tat dies ohne Überlegung und ohne darüber nachzudenken, und hatte keinerlei Ahnung, was ich schreiben würde. Es formten sich Worte und Sätze in mir, so schnell, daß ich mit dem Schreiben kaum nachkam. Es war ähnlich, als ob ich ein Diktat aufnahm oder wie eine „Simultanübersetzung". Ich hörte gespannt und voll konzentriert auf den „Sprecher" und mußte mich gleichzeitig auch auf das korrekte Niederschreiben konzentrieren, wobei die Geschwindigkeit so groß war, daß ich mit dem Schreiben immer etwas hinterherhinkte.

Bei dem Hinweis, ich solle die Botschaft *sofort* weitergeben, überlegte ich kurz, wem ich sie geben sollte. Als erstes fiel mir meine Freundin Barbara ein, so rief ich sie auf der Stelle an und las ihr die Nachricht vor – und sie war tief gerührt und begeistert. Und – welch ein „Zufall"! – sie hatte gerade Besuch von einer Bekannten, die verzweifelt war und seelische Hilfe brauchte. So las ich dieser auf ihre Bitte hin den Text ebenfalls vor, und unter Tränen sagte sie, daß ihr das jetzt sehr geholfen hätte und es ihr viel besser ginge. Während des Vorlesens war auch ich innerlich zutiefst gerührt und bewegt, und Schauer rieselten über meinen ganzen Körper. Ich fühlte, daß etwas sehr Wichtiges geschehen war.

So setzte ich mich nun fast täglich ein- oder zweimal hin, um mit Hilarion zu „sprechen", und das vorliegende Buch entstand innerhalb kürzester Zeit – fast wie von selbst.

Inzwischen spüre ich, daß sich meine Verbindung zu Hilarion, zur geistigen Welt, vertieft hat. Ich erinnere mich häufiger daran, die Verbindung aufzunehmen bzw. aufrechtzuerhalten. Auch fühle ich manches Mal seine tiefe Liebe und eine große Freude, wenn ich eine Botschaft übermittelt bekomme.

Wenn ich Siesta mache oder abends im Bett liege, „unterhalte" ich mich nun oft mit Hilarion, kann diese Gespräche aber später nicht mehr niederschreiben, da ich sie nur ungenau erinnere.

Ich habe das Gefühl, plötzlich ist in meinem Leben vieles wieder in Bewegung gekommen, nachdem ich im letzten Jahr meistens das Gefühl hatte, als ob alles stagniere und festgefahren sei. Statt mich wie abgeschnitten von allem zu fühlen, spüre ich jetzt eine innige Verbundenheit zur geistigen Welt.

Und zum Thema vom 29. 11. 2001 abends kann ich sagen, daß meine Küche (und nicht nur diese!) demnächst renoviert wird, ohne daß ich einen Menschen darum gebeten hätte, und (fast) ohne Unkosten für mich! Jemand bot es mir von sich aus an, ohne daß er von dieser Botschaft wußte!

Die Durchsagen sind tageweise geordnet, so wie ich sie empfangen habe. Der in Klammern gesetzte Text bezieht sich auf verschiedene Punkte:

➢ meine Fragen an Hilarion oder Dinge, die ich zu ihm sage,
➢ meine Gedanken oder Gefühle während des Schreibens, auch Beschreibung körperlicher Empfindungen,
➢ Erläuterungen zur Sitzung, Beschreibung äußerer Umstände, sofern diese mir wichtig erschienen,
➢ Anmerkungen dazu, *wie* Hilarion etwas sagt, z.B. humorvoll, mit besonderem Nachdruck usw.

Beim Schreiben übernehme ich auch Satzzeichen, Anführungszeichen, Unterstreichungen, Fettdruck usw., wie es mir eingegeben wird.

Natürlich kann ich keine Garantie dafür geben, daß absolut *jedes* Wort und *jeder* Satz von Hilarion stammt und nichts aus meinem Kopf. Manchmal ist es nicht ganz klar, ob ich seine „Stimme" höre oder meine eigenen Gedanken denke. Aber wie er auch immer wieder betont – im Grunde ist es gleichgültig. Wichtig ist, was die Botschaften bewirken, daß sie den Menschen gut tun und ihnen helfen. Und das tun sie, ich erfahre das fast jeden Tag.

Zunächst hatte ich die Absicht, jene Textstellen zu markieren, die ganz speziell an mich persönlich gerichtet sind. Das habe ich nun aus dem Grunde gelassen, weil es bestimmt immer irgendwo irgendeinen Menschen geben wird, der genau an dieser Stelle sagt:

„das stimmt genau, das paßt zu mir" oder „das trifft genau auf mich zu!" Hilarion sagt ja auch, daß es für denjenigen bestimmt ist, der sich angesprochen fühlt.

Wenn nun Menschen auch zu mir kommen, um in Einzelsitzungen Fragen an Hilarion zu stellen, so ist das nicht nur für den Fragenden, sondern auch für mich eine zutiefst berührende, wunderbare Erfahrung, wobei ich mich bei diesen Sitzungen mit ihm besonders verbunden fühle und seine intensive Nähe spüre.

Auch jetzt, während ich dies schreibe und daran denke, empfinde ich tiefe Dankbarkeit und große Freude im Herzen.

Vielleicht wundert sich manch ein Leser über meine immer wiederkehrenden Zweifel, und ich muß sagen, daß sie bis heute nicht völlig ausgeräumt sind, wenngleich sie bei weitem nicht mehr so stark sind wie zu Beginn.

Diese Zweifel resultieren auch aus der Tatsache, daß mein Kontakt zu Hilarion, die inneren Gespräche mit ihm, sich so „normal" anfühlen. Es ist nichts Geheimnisvolles, Übersinnliches oder Besonderes dabei, sondern es fühlt sich ebenso „normal" an wie jetzt am Computer diese Worte einzutippen oder eine Tasse Tee zu trinken.

Danken möchte ich an dieser Stelle vor allem meiner Freundin Barbara und ihrer wundervollen Mutter, Devi Ma, die mich immer wieder bestärkt haben, nicht aufzuhören, sondern zu vertrauen und unbedingt weiterzumachen. Sie gaben mir jedesmal neuen Mut, wenn ich verzweifelt war, und baten mich inständig, weiterhin den Kontakt mit Hilarion aufrechtzuerhalten und daran zu glauben.

Dank gilt auch all denen, die das erste Manuskript zu lesen bekamen und mit solch großer Freude, Dankbarkeit, auch Ergriffenheit und Rührung darauf reagierten und mich alle ohne Ausnahme darin bestärkten, weiterzumachen und die Texte einem größeren Kreis zur Verfügung zu stellen.

Dank auch an die wunderbaren Menschen unseres GMG-Kreises (GMG = Gespräche mit Gott), die, mit wenigen Ausnahmen, jeweils als erste in den Genuß der Botschaften kamen und mich ebenfalls durch ihre Reaktionen und ermunternden und dankbaren Worte bestärkten, mit dieser Arbeit fortzufahren.

Ich hoffe, daß die Licht-Botschaften die Herzen vieler Menschen erreichen werden, um dort einen Funken zu entzünden, damit mehr Licht, Liebe und Freude in die Welt ausstrahlen kann.

Wenn jemand Fragen hat oder sich einfach bei mir melden möchte, so kann er nachstehende E-Mail-Adresse benutzen: Hilarion@Scheit.de.

Abschließen möchte ich diese Einführung mit dem Ausdruck meines allertiefsten Dankes an den wunderbaren Aufgestiegenen Meister Hilarion und all jene Lichtwesen, die mit ihm sind, für ihre Arbeit mit mir und die Hilfe und Führung, die mir ständig in so großem Maße zuteil werden. Danke, danke, danke! Ich spüre, daß Hilarion dieses Buch jetzt im Moment segnet, damit es all denen, die es lesen oder hören, zum Segen gereicht und eine wirkliche Hilfe für ihr weiteres Leben darstellt.

Marbach, 19. Januar 2002
Ursula Scheit

1. Liebe ist ohne Grenzen

16. 10. 2001   Alles ist möglich im Jetzt

Gehe deinen Weg in Ruhe und voller Zuversicht.

Wir sind immer bei dir, du brauchst dich nicht zu ängstigen oder Zweifel zu haben. Sei immer gelassen und fröhlich. Du strahlst auf andere Menschen dein Licht, und das wirkt mehr als alle Worte. So gehe deinen Weg in Ruhe, die Meister begleiten dich!

Betrachte alles mit Gelassenheit, denn nichts ist besser oder schlechter als etwas anderes. Was wir zu geben haben, ist ebenfalls nicht besser oder schlechter, doch es ist voller Licht und Liebe für die Menschen.

Berühre meinen Finger, und ich gebe dir meine Hand und halte dich fest. Die Sonne scheint immer, so sind wir immer bei dir.

Habe Acht auf dich und dein Leben – es ist so kostbar. Verliere keine Sekunde davon.

Betrauere nichts. Vergiß nicht, wer du bist, mein Sternenkind. Engel sind um dich und begleiten dich und freuen sich mit dir.

Wir geben dir diese Botschaft als ein Zeichen unserer Verbundenheit, denn alles ist wahrhaftig eins. Es gibt nur das Eine, das ist die Wahrheit.

Du magst denken, etwas sei „falsch", aber das ist nicht so, alles ist in jedem Augenblick „richtig". Laß dich nicht irremachen von der Meinung anderer Menschen. Ruhe in dir, wo alle Antworten zu finden sind. Vergiß nie deinen Ursprung. Die Gnade ist dein. Die Liebe ist dein. Die Freude gehört dir und allen Wesen überall. Das ist das Göttliche Gesetz und die Göttliche Gnade.

Verharre nie bei negativen Gedanken, denn sie vertreiben das Licht, wie Wolken die Sonne verdunkeln. Du erlebst Momente stillen Glücks, wenn du bereit bist, dich dem Licht zu öffnen, so warte nicht bis morgen. „Jetzt" ist der rechte Augenblick. Wir helfen dir immer und überall. Zeit und Raum sind Begriffe der Menschenwelt, wir leben ohne diese Grenzen.

Hab Vertrauen und Mut. Du kannst alles (er)schaffen, wenn du genug Glauben hast. Deine Erfahrungen sind begrenzt, doch „jetzt" sind tatsächlich *alle* Erfahrungen möglich. Du hast die Kraft und die Möglichkeit, Wunder zu tun und die Wunden der Welt zu heilen. Sei wie ein tapferer Krieger. Was du tun sollst, ist klar, wir helfen dir, daß auch du klar siehst. Beeile dich nicht.

Was wir dir sagen, geben wir dir nicht nur für dich allein. Du hast Seelengefährten, die ebenfalls auf unsere Worte warten, so gib sie weiter und warte, was geschieht.

Ihr seid im Geiste verbunden, und wir sind immer bei euch.

Was du auch denkst, verhafte nicht darin. So auch hier. Es ist kein Verdienst, die Botschaft zu erhalten, bleibe bescheiden, du dienst lediglich als Kanal, und doch danken wir dir dafür, denn wir brauchen Kanäle, um helfen und dienen zu können.

Gib diese Botschaft, wem immer du möchtest, sie gilt für diejenigen, denen du sie gibst.

(Wann soll ich die Botschaft weitergeben?)

Bis du dich besinnst, vergehen Tage, „jetzt" ist der richtige Zeitpunkt. Verliere keine Zeit. Zeit ist so wichtig für euch. Mache es *sofort*.

Wir lieben euch und grüßen euch aus den Sphären des Lichtes.

(Ich frage, wer spricht?)

Ich bin es (machtvoll), ihr kennt mich unter dem Namen Hilarion, der Aufgestiegene Meister des Lichts. Meine Aufgaben umfassen viele Gebiete, doch eine davon ist, die Erde von dunkler Energie zu befreien und die Menschen zum Licht zu führen. Viele sind mit mir und grüßen euch. Gesegnet seid ihr alle.

17. 10. 2001   Die Sprache der Liebe

Wir sind da. Auch wenn du uns nicht siehst, so wisse doch, daß diese Worte aus den Sphären des Lichtes zu dir kommen.

Betrachte alles mit Liebe. Unsere Worte an dich verhallen nicht ungehört, denn wir sprechen die Sprache der Liebe. Versuche nicht zu verstehen, vertraue nur. Du bist wie eine kleine Pflanze, die zum Licht emporwächst, der Sonne entgegen. Tief in dir ist der Sitz des Unendlichen, hier ist der Punkt, wo du alles berührst, was ist. Hier ist auch der Platz, wo Gott dich empfängt.

17. 10. abends   Sorge dich nicht

Ich bin es, Hilarion. Ich freue mich, daß du meine Botschaft empfängst.

Meine kosmische Kraft ist grenzenlos, meine Größe übersteigt deine Vorstellungen. Du kannst nicht ermessen, wie sehr wir euch lieben.

Ich spreche aus deinem Herzen, denn hier ist die Quelle und der Ursprung von allem, was ist. Sei unbesorgt, ich sage dir alles, was du wissen mußt. Geh einfach deiner Arbeit nach und sorge dich nicht.

(Frage wegen einer Klientin)

Was du auch tust, tue es mit Liebe, es kommt nicht darauf an, was du tust. Liebe beseitigt alles Negative.

Laß los und schreite mutig voran. Wir begleiten dich. Du bist niemals allein. Wisse, daß wir als Begleiter immer um dich und mit dir sind.

Wir lieben dich und deine Arbeit. Sage ihr, daß wir sie lieben und auch sie niemals ohne Hilfe der geistigen Welt ist.

(Nachtrag: das war genau richtig für sie!)

Liebe ist ohne Grenzen.

19. 10. 2001   Leben aus der Quelle

(Was soll ich schreiben?)

Was du tust, tust du mit deinem Verstand, aber der Verstand ist nicht alles. Laß dein Herz sprechen, und du wirst wunderbare Ergebnisse erzielen. Wir helfen dir, deinen Weg klar zu sehen. Besinne dich jeden Tag, um Klarheit zu finden. Vergiß nicht, dich zu erinnern, wer du bist.

Was du willst, kannst du erreichen. Du hast alle Kraft und alles Wissen, das nötig ist. Versuche niemals zu beherrschen, denn Herrschsucht ist von großem Übel und bringt dir viel Schaden.

Sieh, was ist, und sei dankbar dafür.

Wir kommen nicht, um dich zu belehren, sondern um mit dir zu teilen. Unser Wissen gehört allen und soll jetzt allen zugänglich sein.

Wir lieben dich. Das sind die wichtigsten Worte, die wir dir geben können.

Wir sind *jetzt* da. Zweifle nicht. Höre! Was du jetzt hörst, geben wir dir in Liebe.

Behandle deine Mitmenschen stets mit Achtung und Respekt.

(Ich frage, ob die Worte tatsächlich von Hilarion kommen oder von mir selbst.)

Was glaubst du, ist der Unterschied zwischen dem, was wir dir sagen, und dem, was aus deinem Herzen kommt? Wir sagen dir, es gibt keinen Unterschied. Das, was wir dir sagen, und das, was du in deinem Herzen vernimmst, entspringt ein und derselben Quelle. Alles hat denselben Ursprung.

Es gibt keine Unterschiede.

Alles ist Eins.

20. 10. 2001   Verbindung mit Hilarion

(Ich habe Zweifel, ob ich mir das alles nicht doch nur einbilde. Ich möchte aber auf jeden Fall nur weiterschreiben, wenn die Botschaften wirklich aus der geistigen Welt kommen.)

Hier sind wir. Wir sind immer da. Vertraue uns und gib nicht auf. Hab Geduld.

Ich bin es, Hilarion, der Aufgestiegene Meister.

Wenn ich zu euch komme, bringe ich Wissen und Macht, ihr müßt euch öffnen, um diese zu empfangen. Ihr tut gut daran, euch nicht zuviel mit weltlichen Dingen zu beschäftigen. Je mehr ihr in der Welt lebt, umso mehr schwinden eure geistigen Kräfte und euer Wissen geht verloren.

Was ihr tun könnt, ist dies: Jeden Morgen vor dem Aufstehen stellt euch einen Stern vor, der aufblinkt, dann erschafft eine Linie aus Licht von euch zu diesem Stern, das ist eure Verbindung zu mir. Dann laßt diesen Stern größer werden, sodaß er immer mehr und heller leuchtet. Wenn ihr euch wohlfühlt dabei, laßt ihn näherkommen, bis ihr mit seinem ausstrahlenden Licht verschmelzt. Dann atmet dreimal tief, steht auf und macht eure Arbeit, die zu erledigen ist.

Wir nehmen euch nichts ab, wir können euch nur helfen, das leichter zu tun, was zu tun ist. Aus unserer Sicht ist bereits alles getan, aber ihr seid noch in dem Bewußtsein, wo ihr glaubt, etwas müsse getan werden.

(Ich frage, wo Hilarion ist, weil ich ihn nicht wahrnehmen kann.)

Hier bin ich zu Hause in deinem Herzen.

Sag mir nur, was du brauchst, ich werde es für dich erschaffen. Für mich ist nichts unmöglich.

Falls du nicht weißt, was du tun sollst, so sitze ganz still und lausche nach innen.

(Ich frage, wer Hilarion ist.)

Ich bin, der alles umfaßt. Du kannst mich nicht aufteilen in diesen oder jenen.

Es gab Welten von unermeßlichem Glanz, sie waren geboren aus Sternenstaub, sie formierten sich zu Galaxien, und die Wesen dort waren fähig, von Planet zu Planet und innerhalb des ganzen Sonnensystems zu kommunizieren. Es kam eine Zeit, da dunkle Energie herankam und das Licht teilweise erlöschen ließ. Viele Wesen verließen jenes Sonnensystem und gingen nach Jutus und Sileda, weit entfernten Sternen in den Tiefen des Universums. Doch einigen weisen Priestern war es gelungen, mit Hilfe ihrer Rituale das Licht zu halten und eine unterirdische Lichtstadt zu bewahren. Nicht viele Wesen waren so weit entwickelt, die Lichtsignale dieser Priester wahrzunehmen um dorthin zu finden.

Ich war damals einer dieser Priester und habe viel mit geometrischen Formen und Kristallen gearbeitet. Es gibt so viele Formen, die ungeheure Fähigkeiten in sich tragen. Bei den Pyramiden zum Beispiel seht ihr dieses große Wissen, nur ahnt ihr wenig von den geheimen Kräften, die darin wirken.

20. 10., abends   Öffne dich der Wahrheit

Wir kommen von allen Ecken und Enden des Universums, um den Menschen zu dienen. Ihr aber müßt bereit sein, unsere Hilfe zu empfangen. Blinde können nicht sehen, wer eine Faust macht, kann nichts empfangen. Wessen Herz verschlossen ist, kann das Licht, die Wahrheit und die Liebe der geistigen Brüder nicht aufnehmen.

Bringe die Wellen deiner irdischen Gedanken zur Ruhe. Konzentriere dich auf deine wirkliche Arbeit. Deine wirkliche Arbeit liegt im Geist, es ist, die Wahrheit zu erkennen.

Wenn du Befreiung willst, mußt du dich von deinen irdischen Fesseln lösen. Diese Fesseln sind Neid, Gier, Habsucht, Eifersucht, Lügen, Angst und Sorgen. Was du bereit bist zu tun, tue. Warte nicht bis „morgen".

Wir kennen deine Ängste und Zweifel, und wir helfen dir dabei, sie aufzulösen.

21. 10. 2001   Einheit

Kümmere dich nicht um die (Privat-)Angelegenheiten anderer Menschen, sondern kümmere dich um dich selbst. Wir helfen dir und dadurch wird allen Menschen in deinem Umfeld auch geholfen. Indem du dich um mehr Licht bemühst, strahlt Licht aus auf alle, die dich berühren. Du bist wie ein Radiator aus Licht. Bemühen und Streben, der Wunsch nach Wahrheit und Wahrhaftigkeit sind der „Ein"-Schalter, negative Gefühle, Zweifel, Zorn usw. der „Aus"-Schalter.

Gelobe dir selbst, dich immer um Wahrhaftigkeit zu bemühen. Dein Bemühen wird von „Erfolg" gekrönt werden, du wirst dein Ziel sicher und leicht erreichen. Wenn du „dort" angelangt bist, wirst du Staunen, reine Freude und vollkommenen Frieden empfinden. Denn du wirst erkennen, daß niemals etwas erschaffen wurde, da es so etwas wie „Anfang" und „Ende" nicht gibt, und daß du immer warst, immer sein wirst und daß du und ich, daß wir alle auf dieser Seite des Vorhanges und ihr alle auf eurer Seite des Vorhanges eins sind.

Es gibt keine Unterschiede, wisse das und erinnere dich immer wieder daran. Die Unterschiede entstehen in deinem Kopf. Er (der Verstand) ist der große Hinderer der Einheit.

Einheit ist kosmische Vollkommenheit ohne dies oder das. Einheit ist Einheit, sonst nichts! Du kannst sie nicht beschreiben, nicht erfassen, nicht verstehen, du kannst sie nur *sein*. Sein *ist* Einheit und Einheit *ist* Sein. Sonst ist nichts. Es gibt nichts anderes. Wisse das und erinnere dich immer wieder daran. Wahrheit ist Eine. Liebe ist Eine. Wahrheit und Liebe sind eins. In der Einheit ist *alles* enthalten. Es gibt *nichts*, was nicht zur Einheit gehört.

Jegliche Trennung geschieht in eurem Verstand. Jedes Teilen und Zerstückeln geschieht durch euch aus Unwissenheit. Wissen ist Macht. Es ist die Macht, euch selbst aus den Fesseln der Dualität zu befreien und *eins* zu werden.

Die *eine Einheit*. Vergiß nicht, daß du aus dieser Einheit kommst, du kennst sie, du hast sie schon erfahren, sie ist nichts Neues oder Fremdes für dich. Du mußt das Nichtwissen beseitigen, um sie neu zu erfahren. Sei zuversichtlich. Du *bist* bereits eins. Nichts kann geschehen, was nicht im Einklang mit der Einheit wäre. Denn *alles ist eins*. Alles, was du hörst, siehst, wahrnimmst, erlebst, gehört zur Einheit, auch wenn es kommt und geht. Auch die Wellen des Meeres entstehen und vergehen und gehören zum Wasser – sie *sind* das Meer.

Du glaubst, deine Welt zu kennen, aber ich sage dir, daß du nicht einen winzigen Bruchteil davon kennst, denn der größte Teil ist für dich unsichtbar, unhörbar, unfaßbar, unerlebbar. Und dieser größte Teil geht weit über das hinaus, was sich dein Verstand vorstellen kann. Es ist der Glanz des Einen, der alles durchstrahlt.

Forsche nicht in deinem Kopf, sondern erforsche dein Herz, wenn du dich nach Erkenntnis sehnst. Dort liegt die Schatztruhe der Weisheit, und du hast den Schlüssel dazu. *Öffne sie !!! Jetzt!!!* (Gänsehaut überrieselt meinen ganzen Körper.)

Wir sind bei dir, wir umarmen dich in Liebe und Segen. Was du tust, ist eine große Hilfe für unsere Arbeit. Wir sind gekommen, um euch zu helfen. Ihr steht kurz vor einem gewaltigen Sprung, der die ganze Erde betrifft. Niemals zuvor gab es solch ein Ereignis.

Ihr seid gesegnet, daß ihr daran teilhaben dürft. Seid euch dieses Privilegs bewußt! Und seid dankbar dafür. Viele, viele Seelen warten auf dieser Seite (des Vorhanges) auf die großartige Gelegenheit, ebenfalls teilzuhaben, aber nur wenige bekommen tatsächlich die Gelegenheit dazu.

(Ich habe wieder Zweifel, ob das, was ich „höre", tatsächlich von Hilarion kommt.)

Vertraue uns. Wir sprechen zu dir in Liebe und aus der Einheit. Keines unserer Worte ist umsonst. Es fällt auf fruchtbaren Boden, denn ihr seid „reif" für eine wunderbare Ernte.

Sei wachsam und schlafe nicht *zu* viel. Es ist gut, wenn du ausgeruht bist, aber jedes Zuviel tut dir nicht gut. Es lähmt dich in irgendeiner Form. Sende jeden Morgen einen Lichtgedanken zu dem Stern, und schon sagen auch wir: „Guten Morgen, gesegnet seist du für diesen Tag."

Höre stets auf dein Herz, auf deine innere Stimme, es ist die reine Stimme der Wahrheit. Sie kommt aus dem Urquell allen Seins.

Hab Vertrauen, mit der Zeit wirst du sicherer werden, wir helfen dir dabei. Du brauchst mit niemandem darüber zu sprechen, aber gib unsere Worte weiter an die, die danach verlangen. Es sind so viele Seelen, die nach der Wahrheit dürsten, wir wollen ihnen Nahrung geben und ihren Durst stillen. Wir haben so viel zu geben. Nehmt es mit offenem, freudigem Herzen und dankbarem Gemüt. Nehmt es!

Es ist alles für euch da. Ihr lebt in der Einheit! Ihr und die Einheit seid eins! Ihr seid ein und dasselbe! Es gibt keinen Unterschied. Realisiert das. Denkt das. Fühlt das. *Lebt das!*
(Frage: wie?)

Kümmere dich nicht um das Wirrwarr in deinem Kopf. Höre nur auf deine innere Stimme und handle danach. Sie führt dich, sie leitet dich. Sie spricht aus der Einheit. Tue so, als sei der „andere" du selbst. Behandle ihn so, als behandeltest du dich selbst. Wenn du ihn nicht magst oder ablehnst, magst du dich selbst nicht oder lehnst dich ab. Denke daran, daß du auch dieser „andere" bist. Haßt du ihn, so haßt du dich selbst und schadest dir damit. Liebst du ihn, so zeigt das, daß du dich selbst liebst.

Halte dich von Menschen, die für dich eine „schlechte" oder negative Ausstrahlung haben, fern, aber versuche, sie nicht zu hassen, verletze sie nicht durch deine Gedanken. Das ist wichtig! Erinnere dich einfach daran, daß du diese Person nicht verletzen oder hassen willst, weil du dich selbst nicht verletzen oder hassen willst. Du darfst so egoistisch sein.

Höre nur auf dein Herz, es wird dir immer sagen, was zu tun ist, es geht niemals fehl. Erinnere dich, es ist das Sprachrohr der Einheit.

Wir lieben euch so sehr. Verbindet euch täglich mit uns. Wir sind da, um zu helfen und zu dienen, auch wenn du es nicht spürst. Schaue nach dem, was wahr ist, beobachte gut! Wenn du sehen gelernt hast, wird sich dir in allem die Wahrheit offenbaren, und du wirst in großes Staunen verfallen.

Versäume nicht, dich mit deiner inneren Quelle zu verbinden. Nur hier ist der Eingang zum wahren Sein, zum Ursprung von allem, was ist. Hier ruht die ewige Glückseligkeit.

Du bist gesegnet, und wir betrachten dich voller Freude. Spüre unsere Liebe und Freude. Wir umarmen dich und umhüllen dich mit Liebe, komm und laß es geschehen. Verhindere es nicht durch Zweifel oder negative Gedanken. Sei einfach offen und bereit, die Wahrheit zu empfangen. Sie wird zu allen Menschen kommen, es ist nur eine Frage der Zeit. Du bist *jetzt* bereit dafür, andere sind es noch nicht. Aber auch sie werden sie empfangen.

Sei mutig. Stehe zu dir. Das ist wichtig. Deine Selbstzweifel schaden dir, weil du dich damit schwächst. Du hättest ohne sie *unbegrenzte* Macht. Hast du diese Kraft nicht schon gespürt?! (Ja, und ob!) Nutze sie! Dir sind alle Dinge möglich.

Sammle deine Kraft durch innere Konzentration. Zazen ist ein guter Weg für dich. Bleibe dabei. Diese Kraft steht dir in jedem Moment zur Verfügung. Verwende sie zunächst für die eigene Schulung, du wirst sehr schnell „Erfolge" erzielen. Nach deinem Durchbruch wirst du mit dieser Kraft anderen helfen und sie segnen können. Es können Dinge geschehen, die ihr nicht für möglich haltet, und doch *werden* sie geschehen.

Versuche nicht, über deinen Schatten zu springen. Es wird sich alles ganz von selbst in der rechten Weise fügen. Laß nur geschehen und habe Vertrauen. Du bekommst, was zu bekommen ist, du weißt, was zu wissen ist. Wir geben dir jetzt noch ein letztes „Wortgeschenk" für den heutigen Tag:

Sei bereit – im Herzen ruht wahrer Friede. Hier ist dein Zuhause.

Liebe, Liebe, Liebe. Wir segnen euch alle.

21. 10. 2001   Herzenswünsche

(Frage bezüglich einer Anschaffung, die ich machen möchte.)
Erfülle dir deine Herzenswünsche, sonst bleibt Unzufriedenheit zurück. Herzenswünsche sind Wünsche des Herzens, sie streben nach Erfüllung und bringen dir Glück und Zufriedenheit.

Sei eins mit deinen Wünschen und erlaube ihnen, sich zu manifestieren. Sie sind wichtig für dich und helfen dir, deine Welt klarer zu sehen. Nimm sie wahr und lasse sie Wirklichkeit werden. Du wirst viel Freude an deinem ... haben.

(Frage wegen der Bezahlung, da sehr teuer.)
Was sorgst du dich um das Geld? Es ist keine Sache des Geldes, sondern eine Sache deiner (inneren) Wahrheit. Vertraue dem Fluß des Universums. Das Geld ist schon unterwegs. Beseitige deine Zweifel, und es kann „landen". Du hast es schon, du kannst es nur noch nicht sehen.

(Zweifel und nochmals die Frage, wo ich so viel Geld hernehmen soll.)
Du bist reich, weißt du das nicht?! Zweifle nicht! Glaube! Vertraue! Alle Herzenswünsche können verwirklicht werden! Jeder einzelne!

Tu, was du willst. Dein Wille bringt Erfüllung.

(Nachtrag: Mit etwas Wehmut muß ich sagen, daß ich mir diesen Wunsch dann doch nicht erfüllt habe. Ich spüre, daß er aber in meinem Inneren immer noch da ist, und ich werde ihn mir vielleicht doch noch etwas später erfüllen.)

2. Herzensqualitäten

22. 10. 2001   Ernsthaftes Bemühen

(Wieder bin ich voller Zweifel, da ich ja keine Beweise dafür habe, tatsächlich mit Hilarion zu sprechen.)

Daß du Zweifel hast, ist verständlich und berechtigt, doch löse dich davon. Wir können viel leichter und besser mit dir kommunizieren, wenn du einfach Vertrauen hast und geschehen läßt. Wir tun das Unsrige, um die Verständigung so klar wie möglich zu machen.

Du schreitest jeden Tag voran, und wenn du nach einiger Zeit zurückblicken wirst, wirst du erkennen, daß alles genau so „richtig" war, wie es eben war. Jede Handlung ist Teil eines unendlich großen Puzzles, und alles paßt vollkommen zusammen. Kein Teil darf fehlen, keines ist überflüssig.

Gehe mit dem Strom des Lebens, laß dich mittragen und führen. Wir helfen dir. Wir sind bereit, dir all unsere Hilfe, Liebe und Unterstützung zu geben, die wir geben können. Forciere nichts.

Finde täglich einen Ruhepunkt, um innerlich stillzuhalten und dich dem Universum zu öffnen. Starke Schwingungen kommen herab und lassen dich neue Erfahrungen machen. Sie werden dein Denken, Fühlen und Handeln verändern und erneuern.

Wir segnen dich. Wir sind um dich jeden Tag. Sei dir immer wieder bewußt, daß du *niemals* alleine bist. Strebe nach dem Licht und laß dich durch nichts davon abbringen oder abhalten. Je größer dein Bemühen und dein Verlangen nach dem Höchsten, umso mehr Kraft und Entschlossenheit werden dir zuwachsen.

Vergiß nicht, dich für die Hilfe, die du bekommst, zu bedanken, und teile dein Wissen mit denen, die danach verlangen. Auch wir waren einst hungrige Seelen, die nach dem Höchsten dürsteten, und wir können dir den Weg weisen. Gehe ihn in Liebe. Spüre, wie du umweht bist von „guten Geistern".

Mache jeden Tag eine Atemübung, um Körper und Seele von „Schlacken" zu reinigen. Benutze deinen Atem als Instrument. Ein mächtigeres hast du nicht. Benütze es!

Atemübung

Sitze still, hole tief Atem und lasse ihn ganz durch dich hindurchströmen. Sei dir bewußt, daß du dadurch gereinigt und geläutert wirst. Wasche dich innerlich damit.

Hole wieder tief Atem, lasse den Atem tief bis in alle Poren eindringen und sei dir dabei bewußt, daß mit diesem Atem Kraft, Liebe und spirituelles Wissen in dich einströmen. Sei dir bewußt, daß in diesem Moment jede einzelne Zelle aufleuchtet und erstrahlt von göttlichem Licht.

Wiederhole den tiefen Atemzug und sei dir bewußt, daß du in jedem Moment das, was in dir ist, ausstrahlst auf alle Wesen und daß du mit allem in Verbindung stehst.

Atme noch dreimal in den Bauch und genieße die Kraft, die dort sitzt. Sie wird allmählich oder plötzlich wachsen, so sehr, daß du es kaum wirst glauben können.

Auch der Atem ist eins. Alles atmet **ein** Licht. Licht und Atem sind eins.

22. 10., abends   ## Streben nach Wahrheit

Du bist bereit. Wir sind es auch.

Ich bin es, Hilarion, der Aufgestiegene Meister des Lichts. Wie du siehst, sind wir immer bereit. Du brauchst niemals auf uns zu warten, (schmunzelnd, humorvoll) wir warten allerdings manchmal darauf, daß du die Verbindung mit uns aufnimmst. Noch bist du nicht bereit, ganz für uns da zu sein.

Was für dich wichtig ist, ist nicht unbedingt auch für uns wichtig. Wir sehen die Dinge aus anderer Sicht und vor allem immer mit liebenden Augen. Wir sehen dich, wie du bist, und wir sehen auch, wie du dich bemühst und daß du große Fortschritte machst.

(Ich habe wieder große Zweifel, da ich ja Hilarion nicht wahrnehmen kann.)

Glaube uns, vertraue uns und dem, was wir sagen. Du mußt dich üben, mit uns zu sprechen. Wir haben noch anderes mit dir vor. Du bist uns eine große Hilfe.

(Wieder große Zweifel)

Ist dies kein Wahrnehmen, wenn du meine Stimme in deinem Inneren vernimmst? Glaube! Vertraue!

Wir haben dir deine Tochter geschickt, damit sie dir hilft, deine wahren Augen zu öffnen. Sie ist ein Engel in Menschengestalt. Sie wollte zu dir, um dich zu begleiten. Sie ist eine weise alte Seele, die aus Lemurien stammt und schon viele, viele Male auf der Erde war. Nichts ist ihr fremd, nichts ist wirklich neu für sie.

Höre gut auf das, was sie dir sagt, sie trägt ein großes Wissen in sich, das sich bald mehr zeigen wird. Gehe sanft und liebevoll mit ihr um.

Du hast viele alte Seelen um dich herum, und es ist schön, dich im Kreise derer zu sehen. Ein starkes Band der Liebe und Wahrheit verbindet euch.

Alles ist Eins!

Nichts ist so wichtig, wie nach dieser Erfahrung zu streben.

Du kannst heute dies tun, morgen das, was bringt es dir, wenn du dich nicht dabei immer wieder fragst, ob es dich zum Licht führt und du die Wahrheit lebst?

Sei wahrlich du selbst in jedem Augenblick und offenbare dies!

Gesegnet seid ihr Brüder und Schwestern des Lichtes, denn das seid ihr ebenso wie wir. Nur ist es für uns eine „tägliche" Erfahrung, während ihr noch auf dem Weg dahin seid. Doch der Zeitpunkt wird kommen, da ihr den Vorhang zur Seite schiebt und sich euch die strahlende „andere" Seite offenbaren wird. Wir warten mit großer Ungeduld darauf und freuen uns mit euch. Für uns ist es schon geschehen, *ist* es Realität, doch ihr seid noch Gefangene der Zeit und müßt diese durchschreiten.

Wir sind voller Freude – spürst du es? (Nein) Du wirst es spüren. Verzage nicht. Ist es nicht wunderbar, all diese Worte aufschreiben zu können? Sie können anderen Gefährten auf dem Weg Trost und Hilfe sein.

Ich hülle dich ein in Liebe und Licht, und bald wirst du das spüren können. (Riesenzweifel) Stecke nicht so viel Energie in deine zweifelnden Gedanken. Aber ich verstehe dich. Doch bleibe nicht so sehr darin stecken. Du behinderst sonst unsere Kommunikation und deinen Fortschritt.

Immer wieder sage ich die gleichen Dinge, damit es wirklich in dein Inneres sinkt und dort Veränderung bewirkt.

Das Gute ist immer da.

Die Welt ist eine Einheit.

Du bist müde, geh schlafen. Wir kommen „morgen" wieder.

Ich segne dich.

23. 10. 2001   Verständnis

Im Herzen wohnt die Einfachheit.

Warum macht ihr alles so kompliziert? Wir sagen euch in klaren Worten, was wichtig ist, doch ob ihr es hört, liegt an euch. Wer wirklich weiterschreiten und vorankommen will, tut gut daran, die Worte in sich aufzunehmen, wirken zu lassen und in die Realität umzusetzen. Was nützen dir 1000 schöne Worte, wenn du nicht danach handelst!

Ich bringe euch Segen und Frieden.

Höre auf die Stimme in deinem Herzen. Versuche nicht, diese Dinge zu analysieren, sondern laß sie in dein Herz sinken, dort wirst du sie „verstehen".

Dein Herz ist ein großes Reservoir, und es ist gefüllt mit Liebe.

(Ich spüre, daß es nicht richtig fließt.)

Versuche nicht, etwas zu erzwingen. Gehe gelassen, aber ernsthaft damit um. Mal ist die Frequenz fein eingestellt, mal nicht. Sender und Empfänger müssen aufeinander abgestimmt schwingen, sonst findet kein Austausch statt.

25. 10. 2001 Offenheit, Dankbarkeit, Entschlossenheit

(Ich rufe Hilarion und frage, ob er da ist.)

Ja, wir sind da. Hilarion und viele andere, die sich voller Freude mit dir treffen möchten. Wisse, daß unsere Liebe euch stets umhüllt und seid alle gegrüßt, Ihr Lieben, die ihr nach der Wahrheit dürstet.

Wir geben euch Schlüssel, um Tore und Türen zu öffnen, die euch den Weg zur Glückseligkeit versperren. Wir geben euch die Schlüssel, aber ihr müßt die Türen aufschließen.

Wir sind da, um euch zu helfen und zu ermutigen. Laßt euch nicht abbringen von Enttäuschungen oder Zweifeln. Der Sieg ist euer. Daran gibt es wahrlich nichts zu zweifeln.

Für das, was du vorhast (Zen-Sesshin), wünschen wir dir Mut und Entschlossenheit, und du wirst reich belohnt werden, wenn du nicht aufgibst. Wir werden bei dir sein und dich unsere Hilfe und unseren Segen spüren lassen.

Glaube nicht, daß du jemals allein gehen mußt, es sind ständig Lichtbegleiter bei dir, die deine Hand halten und dich voller Weisheit führen und leiten.

Vernimm meine Stimme und handle danach. Was du auch tust, tue es mit Liebe, Sorgfalt und einem einfachen reinen Herzen. Bleibe stets bescheiden. Prahle nicht.

Nimm alles wichtig, was deiner geistigen Entwicklung dient, aber versuche, nicht daran zu haften. Zuletzt mußt du alles loslassen, auch das Loslassen (schmunzelnd, aber ernsthaft).

Wir wünschen, und das tun wir mit Ernst und Nachdruck, daß du unsere Worte weitergibst an die, die dafür bereit sind. Wir lassen dich wissen, wer das ist. Du wirst es in deinem Herzen vernehmen können. Höre darauf!

Es ist von äußerster Wichtigkeit, daß du nicht versuchst, etwas nach deinen Worten zu formen, sondern daß du den Strom einfach fließen läßt, so wie jetzt, dann ist es für uns eine sehr große Freude, mit dir und durch dich zu arbeiten. So geht es leicht und reibungslos. Du brauchst nur still zu sein und zu lauschen. Wie anders könntest du auch sonst die Stimme des Höchsten vernehmen? Alles in dir muß zur Ruhe kommen, ganz still und ohne Regung sein, nur deine Hand wird geführt. So können wir dich teilhaben lassen an unserer „Welt" und dich das wissen lassen, dir das Wissen geben, das die Menschen jetzt brauchen, um den Sprung in eine neue Dimension zu tun.

Wir geloben, daß wir euch nicht im Stich lassen werden, selbst wenn ihr vergeßt, nach uns und unserer Hilfe zu rufen. Wir werden trotz allem da sein und euch unsere Liebe, unser Wissen und unseren Beistand geben.

Nichts könnte uns eine tiefere Freude bereiten, als dies zu tun. Wir erwarten dafür nichts zurück, auch keinen Dank. Und doch ist für euch ein dankbares Herz wichtig, damit ihr innerlich gereinigt werdet. Aus einem dankbaren Herzen erwächst so unendlich viel Gutes. Es bringt die Blumen zum Blühen und das Licht zum Strahlen. Deshalb vergeßt nicht, „danke" zu sagen. Auch wenn es noch so leise oder schlicht ist.

Einfachheit ist gut. Ein einfaches „Danke" genügt. Einfachheit ist klar wie ein Kristall oder das Wasser eines Gebirgsbaches. Wir lieben diese Klarheit und Einfachheit, weil wir ebenso sind.

Als große kosmische Wesen sind wir gleichzeitig von überirdischer Schönheit und doch Einfachheit. Nicht mehr verhaftet an eure Regungen des Herzens(Gefühl), fällt es uns leicht, in allem klar zu sehen, da wir unseren Blick nicht durch Gefühle, wie ihr sie noch habt, vernebeln lassen.

Aber ihr braucht eure Gefühle, solange ihr noch auf dem Weg seid. Deshalb lehnt sie nicht ab. Lehnt Wut, Trauer, Zorn nicht ab, aber versucht trotzdem, euch davon zu lösen, indem ihr euren Verstand trainiert, das zu denken, was euch guttut.

Ihr könnt das!

Es ist eine Sache der Übung und der Ausdauer. Wenn ihr Entschlossenheit genug hättet, könntet ihr es *jetzt sofort*. Übt euch darin. Denkt aufbauende Dinge. Bleibt mit dem Lichtstrom verbunden, der euch trägt und dorthin führt, wo alles Sein in einem Punkt zusammenkommt.

Was zögert Ihr? Geht mutig voran, es gibt nichts zu verlieren.

Wir grüßen euch aus den Sphären des Lichtes. Es ist wunderbar, bei euch zu sein. Wir segnen euch.

5. 11. 2001   Innere Ruhe und Mut

Wir sind da, nimm deinen Stift und schreibe die Worte, die wir dir sagen. Wir haben schon darauf gewartet, wieder bei dir zu sein und zu dir zu sprechen.

Du hast eine Zeit intensiver Erfahrung (Zen-Sesshin) hinter dir, die dein Herz geöffnet hat. Spürst du, wie lebendig es jetzt ist?

Was wir heute sagen wollen, ist dies: Nehmt die Dinge, die auf euch zukommen, mit größtmöglicher Gelassenheit an und bietet ihnen keinen Widerstand. Wir verstehen sehr gut, wenn ihr Ärger, Mißmut, Zweifel, Sorgen und Ängste in euch tragt, doch sind diese zu nichts nutze, wenn ihr damit eure Energie vergeudet. Ihr habt *unendlich* große Kraftreservoires, die ihr nur anzuzapfen braucht, um alle Kraft, allen Mut, alle Durchsetzungsfähigkeit, Entschlossenheit, alle Freude zu bekommen, die ihr wollt oder braucht.

Wann immer ihr nach dem Höchsten strebt, euer Herz öffnet, tretet ihr in Kontakt mit diesem unendlichen Energiestrom und könnt euch von ihm speisen lassen. Er versiegt nie. Glaubt das. Probiert es aus!

Ihr braucht ja immer alles schwarz auf weiß, um euch wirklich überzeugen zu lassen. Wenn ihr etwas an eurem eigenen Leib erfahrt, erst dann glaubt ihr es – oder selbst dann manches Mal noch nicht. Ihr lernt eure Lektionen oft sehr schwer und mühsam.

Deshalb widerfahren euch auch dieselben Dinge, Ereignisse oder Situationen immer wieder. Bis ihr endlich begriffen habt.

Weshalb zögert ihr so oft mit euren Entschlüssen?! Euer Herz weiß doch stets, welches der richtige Weg ist, welche Entscheidung zu treffen ist. Nur seid ihr zu ängstlich, euch danach zu richten. Dabei ist es so leicht, ganz einfach, nach dem Herzen zu handeln und wie mühsam ist es doch, einen Schein (eine Scheinwelt) aufrechtzuerhalten! Wieviel einfacher ist es, so zu sein, wie man eben ist. Ohne Schnickschnack, ohne ein Dazutun oder Verheimlichen.

Es gibt letztendlich keine Fehler, denn eure „Fehler", die ihr habt, sind Teil eurer Vollkommenheit.

Wir sind jetzt hier. Ich bin es, Hilarion, und meine geliebten Brüder und Schwestern des Lichts, der Liebe und der Weisheit.

Wir bemühen uns, in einfachen Worten und einfacher Sprache zu euch zu sprechen, damit alle es verstehen und nicht durch unsere Worte verleitet werden, ihre „Maschine" dort oben (im Kopf) anzuschalten, sondern unsere Botschaften sollen einsinken in eure Herzen, dort Wurzeln schlagen, wachsen und dereinst reife Früchte tragen, deren Ernte ihr selbst einbringen dürft. Und welch eine reife Ernte werdet ihr haben! Freude über Freude! Wenn ihr uns nur sehen und spüren könntet, ihr würdet euch baden in Wonne und Freude.

(Wie können wir uns in dieser Terror-Zeit hüten vor oder wehren gegen Panikmache und viele negative Gedanken und Taten?)

Seid ganz ruhig. Verhaltet euch still. Ruht einzig in eurem Herzen. Nur durch diese innere Ruhe vermögt ihr auf den aufgewühlten Wellen zu reiten und dabei nicht unterzugehen oder euch umwerfen zu lassen. Versucht, euch nicht in Gespräche über die „Schlechtigkeit der Welt" verwickeln zu lassen. Setzt dem entgegen, wieviel Schönheit und Gutes es gibt.

Vergeßt auch das Lachen nicht. Wie wichtig ist Humor gerade in der jetzigen Zeit!

Und wie stark könnt ihr daraus hervorgehen, wenn ihr in euch ruht, immer wieder geduldig den Kontakt mit der geistigen Welt aufnehmt, mit einem dankbaren Herzen, mit Gelassenheit und der

Zuversicht und Gewißheit, daß alles so seine Richtigkeit hat, wie es jetzt gerade ist.

Wir sehen das ganze Puzzle, durchschauen den ganzen Plan, ihr jedoch seid nur in der Lage, einen winzigen Bruchteil des Ganzen zu sehen – und selbst das oft nicht, wenn ihr so stark in eure materielle Welt verstrickt seid. Löst euch davon. Sie gibt euch nicht wirklich Sicherheit.

Alles ist trügerisch. Wahre Sicherheit, vollkommene Freude und wahren inneren Frieden findet ihr nur, wenn ihr die Welt als etwas Trügerisches, Täuschendes, Vergängliches erkennt, dem ihr anhängt, als hinge euer Leben davon ab. Aber euer wahres Leben hängt von eurem inneren Sein ab. Dort ist das Leben. Euer inneres Sein ist das Leben. Das müßt ihr erkennen.

Der Körper wird sterben, jeder von euch weiß das. Und doch wehrt ihr euch dagegen. Ihr könnt jedoch nicht sterben. Ihr wurdet nie geboren, ihr seid die Ewigkeit, ohne Anfang und ohne Ende. Solange ihr an den Tod glaubt, solange seid ihr an den Tod gebunden.

Befreit euch von dieser Fessel. Freiheit bedeutet auch, sich nicht von außen beirren zu lassen. Wir wiederholen dies, damit ihr endlich begreift! Ihr seid so nah am Ziel, ihr müßtet nur einfach zugreifen, doch ihr traut euch nicht, weil ihr an eurer scheinbar sicheren Welt lieber festhaltet, als euch in die wahre Freiheit zu katapultieren.

Deshalb sind wir gekommen, um euch zu helfen, diesen Schritt zu tun. Verzagt nicht. Glaubt daran, daß alles gut und vollkommen ist, daß wir mit euch sind und euch begleiten. Erlaubt uns, in euer Leben zu treten und die Führung zu übernehmen. Niemals tun wir das ohne eure Zustimmung. Ihr müßt es wollen und zulassen. Wir drängen uns nie auf und mischen uns nicht ein, wenn wir spüren und sehen, daß ihr euch dagegen wehrt.

(Nochmals die Frage wegen Terror, Krankheiten, Biowaffen, Panikmache usw.) Wir sagen euch noch einmal, laßt euch nicht beirren, euch nicht einschüchtern, strahlt Ruhe aus und fühlt in euren Herzen die Kraft, alles scheinbar Üble zu überwinden. Geht zurück zu eurem Ursprung, da erfahrt ihr alles, was zu tun ist. Sofort wird euer Handeln genau richtig sein und euch vor Schaden bewahren. Ohne diesen inneren Zugang zur Quelle allen Seins ist das nicht möglich.

Geh jetzt ins Bett, wenn du möchtest, du bist doch sehr müde (ja!).

Wir freuen uns sehr, daß wir dir diese Botschaft geben konnten. Bewahrt sie gut in euren Herzen und laßt sie Trost und Nahrung sein für andere Seelen, die darauf warten, geistige Speisung zu erhalten. Du wirst sehen, daß unsere Worte wie Labsal sein werden für die, die sie erhalten sollen. Sei unbesorgt, daß sie an die „falsche Adresse" geraten könnten. Wir bestimmen, wer sie „hört" und wem sie helfen und dienen sollen.

Wir grüßen dich und verabschieden uns. Wir geben dir Liebe und Licht und umhüllen dich mit Freude.

Schön, daß du die Woche durchgestanden hast (das Zen-Sesshin). Es wird dir von großem Nutzen sein. Du hast Mut und Entschlossenheit bewiesen. Beides ist notwendig für deine Aufgabe. So freuen wir uns sehr mit dir und sind aus tiefem Herzen dankbar, erfüllt aber auch von Demut und Achtung. Und so sollte eure Haltung sein.

Geliebt seid ihr. Wir grüßen euch und gehen jetzt, um „morgen" wiederzukommen.

Ich segne euch.

6. 11. 2001   Güte

Wir sind da! Glaube nicht, daß wir kommen und gehen. Wir sind immer da. Für uns gibt es kein „vorher" oder „nachher". Alles ist zeitlos, geschieht im ewigen Jetzt.

Wir möchten euch heute die Botschaft des guten Herzens geben.

Was ihr auch tut, tut es mit dem Gefühl der Freude und des Wohlwollens. So wie ihr empfindet, wenn ihr gut behandelt werdet, so empfindet euer Bruder/eure Schwester, wenn sie von euch ebenso behandelt wird. Und auch wenn es dir gutgeht, geht es deinen Lieben gut und allen Menschen, mit denen du in Kontakt kommst.

Ihr versucht stets, euch nach euch selbst zu richten, doch ein gutes Herz richtet sich nach seinem Bruder.

Du bist nicht konzentriert. Du bist zu sehr mit deinen eigenen Gedanken beschäftigt, so daß du es nicht frei fließen lassen kannst. Jeder eigene Gedanke, jede persönliche Vorstellung hindert den Fluß unserer Eingebungen. Wir bemühen uns, die Arbeit so leicht wie möglich zu machen, aber der Kanal muß rein und offen sein.

Heute ist es etwas schwierig, deine Müdigkeit läßt deine Gedanken wandern, deine Konzentration ist gestört (ja!).

Aber wisse doch, daß wir da sind, jetzt in diesem Moment sind wir hier und teilen uns dir mit. Bald wirst du bereit und in der Lage sein, nicht nur unsere Worte zu „hören", sondern auch unsere Schwingung zu spüren, unsere Gegenwart wahrzunehmen.

Unsere Liebe für dich und deine Brüder und Schwestern ist so groß. Wir lieben euch sehr. Wir geben acht auf euch, doch auch ihr seid große kosmische Wesen wie wir, die bald keinen Schutz mehr nötig haben werden. Eure geistige Schulung geht bald zu Ende, und dann werdet ihr ins Licht eintauchen und unendlichen Frieden und unermeßliche Freude erfahren. Die Zeit ist nicht mehr lang. Seid bereit, wenn die Stunde kommt, da ihr den einen entscheidenden Sprung machen werdet, den Sprung in die wahre Freiheit.

Gelöst von allem Irdischen, werdet ihr in die Sphären des Lichtes eintauchen, und ihr werdet fähig sein, auch die subtilsten Nuancen sämtlicher Ebenen und Schwingungen wahrzunehmen. Eure Wahrnehmungsorgane werden sich von denen auf der Erde insofern unterscheiden, als ihr euch nicht willentlich zu bemühen braucht, sondern die Wahrnehmung sozusagen ohne Zeit innerlich stattfindet.

Das, was ihr „seht", „hört" usw. ist im selben Augenblick in euch als innerer Eindruck oder Wissen. Diese Einprägungen ermöglichen es euch, vieles intensiver und viel genauer wahrzunehmen, als es euch mit euren irdischen Sinnesorganen je möglich sein kann.

Ihr seid auf dem Weg zur Vollendung. Bleibt nicht unterwegs stehen. Wir haben die gleichen Erfahrungen gemacht, wir wissen, wovon wir sprechen.

Es ist so leicht, sich „beschwatzen" und vom Weg abbringen zu lassen. Wie verlockend können ja viele Dinge auf der Erde sein. Doch ihr solltet jetzt willens sein, keinen irdischen Versuchungen mehr zu erliegen. Ihr seht euer Ziel klar vor euch, also schreitet darauf zu ohne Zögern und Zaudern, immer mutig und stetig.

Wir sind an eurer Seite und begleiten euch, wenn es euch gut geht und wenn es euch nicht gut geht, wenn ihr voller Hoffnung und Vertrauen seid, aber wir sind auch an eurer Seite, wenn ihr euch von „allen guten Geistern" verlassen fühlt und meint, vollkommen alleine alles Schwere tragen zu müssen.

Erinnert euch! Erinnert euch an das Licht, an eure treuen Begleiter, die ihr nicht sehen könnt, die euch aber stets zur Seite stehen. Wir sind nicht getrennt und verschieden von euch. Spürt ihr nicht, daß ein Band unsere Herzen verbindet, das unseren Herzschlag vereint zu einem großen Vibrieren?

Wie kannst du glauben, daß einer den Weg alleine gehen könnte? Keiner kann das! Jeder hat Helfer an seiner Seite und mächtige Hilfe aus der geistigen Welt, ohne die er nicht einen einzigen Schritt tun könnte. Doch diese Helfer sind nicht getrennt und verschieden von dir, so wie ich, Hilarion, eins bin mit dir.

Wahrlich, wahrlich, alles ist Eines, ein wunderbares, unaussprechliches großes Ganzes, voller Glanz, voller Harmonie und Vollkommenheit. Wir sind in diesem Bewußtsein zu Hause, ihr müßt euch darin erst heimisch fühlen. Aber habt keine Sorge, ihr werdet bald diese Erfahrung machen.

(Frage, warum Hilarion durch mich spricht, wo es doch schon eine (mehrere?) Frau gibt, die ihn channelt.)

Weißt du, meine Liebe, du versuchst das alles mit deinem Verstand zu begreifen, doch versuche, mit dem Herzen zu verstehen.

Wieso sollte ich nur durch eine einzige Person zu euch sprechen, wenn ich die Möglichkeit habe, durch mehrere Personen viele Seelen zu erreichen?

Du beschränkst dich durch deine Voreingenommenheit, deine bestimmten Vorstellungen, durch all das, was du glaubst, was du für gut oder richtig oder auch falsch hältst. Ich richte mich nicht nach solch festen Vorstellungen oder Richtlinien. Was zu tun ist, wird getan.

Bei allem, was ich tue, richte ich mich immer nach dem Wohl des Ganzen, diene dem Ganzen, habe stets das Eine im Auge. Ihr aber richtet euch nach diesem oder jenem, nach Vorlieben und Abneigungen und verliert dabei das Eine, das Ganze, die Einheit ganz aus dem Blick.

So schärft euren Blick neu, auf daß ihr wieder das sehen könnt, was das Wichtigste ist. Die große unteilbare Einheit.

Du bemühst dich sehr, ich danke dir dafür.

3. Die innere Stille

7. 11. 2001   Was wirklich zählt

Was du hier niederschreibst, kommt tatsächlich und fürwahr aus der höchsten Quelle des Seins und des wahren erleuchteten Wissens. Du öffnest dein Herz, und die Worte können in dein Herz und durch dein Herz zu den anderen Seelen fließen. Auch deren Herzen müssen geöffnet sein, um die Botschaft zu empfangen.

Hab keine Sorge oder Zweifel, daß das, was du schreibst, dir oder anderen schaden könnte. (Darüber hatte ich mir Gedanken gemacht!) Es kommt alles aus dem Herzen des Seins, wie könnte da etwas Schlechtes oder Herunterziehendes sein. Spüre einfach, ob du dich mit unseren Worten erhoben und gut fühlst oder nicht. Das ist dein exakter Gradmesser, nach dem du dich richten kannst.

Hört auf euer Herz, auf eure innere Stimme! Sie möchte unaufhörlich zu euch sprechen, doch nur wenige sind fähig, so still zu sein und innerlich so zu lauschen, daß diese leise Stimme im Herzen auch vernommen werden kann. Übt euch darin! Es wird noch sehr wichtig für euch sein!

Seid jeden Tag wenigstens für ein paar Momente ganz still, schweigt, laßt alles innerlich und äußerlich ruhen und lauscht! Ganz ruhig, ganz still, ganz friedlich. Es ist ein wunderbares Gefühl, in dieser Ruhe zu verweilen, gönnt sie euch, sooft ihr dazu die Möglichkeit habt und dazu fähig seid. Lauscht voller gespannter Aufmerksamkeit, was ihr im Inneren vernehmt. Und ihr werdet etwas vernehmen.

Fragt, was ihr wissen wollt, bittet um Rat oder Hilfe, ihr werdet sie bekommen. Wir helfen euch und sind bei euch.

Und wenn ihr aus dieser wunderbaren inneren Stille wieder heraustretet, verzettelt euch nicht gleich wieder in eure alltäglichen Sorgen und Probleme.

Wichtig ist einzig allein, die Wahrheit zu leben, sich an das Eine zu erinnern und nach vollkommener Läuterung des Geistes und des Gemütes zu streben. Ihr tut dies bereits, aber eure Bemühungen sind oft halbherzig und nicht getragen von einem beharrlichen Willen, dem großen Ziel alles andere unterzuordnen. Wie könnt ihr ein Ziel erreichen, wenn ihr mal dahin, mal dorthin geht, immer wieder stehenbleibt, hängenbleibt, euer Ziel vergeßt oder aus den Augen verliert?

Deshalb macht euch immer wieder bewußt, was wirklich wichtig ist und was nicht. Vergeudet nicht eure kostbare Energie an unwichtige Dinge der materiellen Welt. Ihr braucht euch um diese Dinge nicht zu kümmern. Wir tun das für euch. Alles wird zu euch kommen, was ihr benötigt, wenn ihr euer Leben ganz dem Licht widmet und einem Sein in der Wahrheit verschreibt. Nichts soll euch fehlen oder mangeln. Mangel in der geistigen Welt existiert nicht. Es ist Fülle da für alle.

Ein Zuwenig gibt es nicht! Ihr denkt und glaubt an das „Zuviel" und „Zuwenig" oder an „mein" und „dein", aber das sind Hirngespinste/Trugbilder eures Verstandes. Die Wirklichkeit ist eine und nur das. Nicht mehr und nicht weniger.

Wir geben euch unsere Worte in Liebe und mit dem tiefen Wunsch, daß sie in eure Herzen sinken und dort Früchte tragen mögen.

Die Seligkeit liegt in euch. Taucht darin ein und erkennt euer wahres Wesen!

7. 11., abends   Leben aus dem Geiste

Wir sind da. Nimm deinen Stift und schreibe! Konzentriere dich! Innere Sammlung ist wichtig. Sie hilft dir, deinen Alltag besser und leichter zu bewältigen. Alle Unruhe wird da beseitigt. Sie hilft dir auch, dich besser zu konzentrieren, um unsere Botschaft klar, rein und unverfälscht zu empfangen.

Das Leben fließt dahin, und ihr seid viel zu oft mit unwichtigen Dingen und Nebensächlichkeiten beschäftigt. Wie wir schon sagten, ist es von äußerster Wichtigkeit, zu unterscheiden zwischen dem, was wirklich wichtig ist, und dem, was unwichtig für eure geistige Entwicklung ist. Alles, was dem Aufstieg ins Licht dient, ist wichtig, alles, was mit materiellen Dingen und Angelegenheiten zu tun hat, ist unwichtig. Achtet darauf und verinnerlicht das.

Das Leben auf der Erde ist sehr kurz, zu kurz, um Zeit mit Dingen zu vergeuden, die euch nicht weiterbringen oder im Gegenteil zurückfallen lassen in eurer Entwicklung. Ihr seid wunderbare Wesen, voller Licht und Glanz. Wenn ihr euch so sehen könntet, wie wir euch sehen, ihr würdet in Ehrfurcht niederknien.

(Wohl ein bißchen übertrieben!)

Warum glaubst du uns nicht? Glaube uns! Vertraue dem, was wir sagen! Wir haben nur euer Wohl im Auge. Wir wünschen uns, daß ihr ebenfalls aufsteigt ins Licht.

(Wieder große Zweifel, woher die Botschaften kommen, aus meinem Unterbewußtsein?)

Du bist wirklich ein „harter Brocken"! Habe ich dir nicht schon mehrfach gesagt, laß das Zweifeln, es schadet dir, und du schwächst dich damit! Du wirst Zeichen erhalten, daß alles, was du in deinem Inneren vernimmst, wahr ist. Du hast doch schon für ein paar Punkte die „Beweise" bekommen. (Stimmt!)

Du bist stark im Herzen. Diese Schwäche ist angelernt. Vergiß sie, hebe dich darüber hinweg. Schwäche schwächt. Stärke stärkt. So einfach ist das. Daß die Wahrheit einfach ist, brauchen wir dir ja nicht zu sagen, du weißt das. Wie du alles weißt. Alles Wissen, alle Weisheit ist in dir. Denn du bist eins mit allem, mit dem Kosmos und allen Wesen. Daran mußt du dich immer wieder erinnern. Du mußt lernen, den Aufruhr in deinem Kopf und manchmal in deinem Herzen zu besänftigen.

Bleibe ganz ruhig. Gelassenheit ist eine große Tugend und sehr hilfreich, das Leben so zu führen, wie es geführt werden sollte: aus dem Geiste, mit Abstand zu den irdischen Dingen der materiellen Welt.

Höre unsere Worte. Sei ganz still. Vernimm diese zarte Stimme in deinem Herzen, sie spricht dir Mut zu, sie gibt dir Zuversicht, Vertrauen und Kraft. Bleibe nicht stehen, schreite mutig voran.

(Es fließt nicht richtig, ich „höre" nichts.)

Wir sind dabei, Sender und Empfänger noch besser und feiner aufeinander abzustimmen, dabei kann es geschehen, daß die Frequenz kurzzeitig nicht mehr richtig stimmt und es zu „Empfangsschwierigkeiten" kommt. Das ist im Augenblick der Fall. Aber gräme dich nicht. Morgen wird das schon wieder behoben sein, und du wirst merken, daß der Empfang immer besser und reiner werden wird.

Vielleicht kannst du morgen etwas früher zu unserer „Verabredung" kommen. Damit du nicht so müde bist.

Ich wünsche dir gesegneten Schlaf. Es ist sehr gut, daß du jetzt etwas früher aufstehst, so hast du mehr Kraft für den Tag, und diese frühen Morgenstunden sind die besten für geistige Arbeit und spirituelle Disziplin.

Ich bin in deinem Herzen. Wir sind uns so nah.

8. 11. 2001   Das kosmische Lied

(Nach der Meditation – Was soll ich schreiben?)

Verweile noch einen Augenblick in dieser inneren Stille, die dir so guttut. Spüre das wohltuende Gefühl, wenn die Kopfarbeit ruht und nur die Schwingung des reinen Bewußtseins in deinen Zellen vibriert. Versuche den Ton dieses Schwingens wahrzunehmen. Der Klang deines Körpers verbindet sich mit den Klängen der anderen zu einer kosmischen Symphonie. Du kannst sie nicht mit deinen irdischen Ohren hören, doch bald werden deine inneren (Wahrnehmungs-)Organe so geschult sein, daß du dieses Weltenlied wirst vernehmen können. Welche Schönheit und Harmonie!

Doch wisse, an einem Punkt deiner Entwicklung wirst du auch das Erleben von Schönheit und Harmonie noch hinter dir lassen, denn dahinter ist nur noch das reine Gewahrsein, unberührt von „schön" oder „nicht schön", „harmonisch" oder „unharmonisch" von „so" oder „so".

Du kannst dir diesen „Zustand" jetzt nicht vorstellen, doch ich versichere dir, es wird für dich ein „Zustand" sein, in dem du dich *sofort* wie zuhause fühlen wirst. Wenn du erst „dort" angelangt bist, wirst du es als vollkommen natürlichen Zustand empfinden, weil das in Wahrheit dein „natürlicher Zustand" *ist*.

Bemühe dich, alles zu überwinden und hinter dir zu lassen, was dich daran hindert und davon abhält, in dieses Gewahrsein einzutreten. Achte auf deine Gedanken und läutere dein Gemüt. Sei stets freundlich und bescheiden und versuche nicht, auf andere Wesen Macht auszuüben. Erinnere dich wieder und wieder daran, daß du dich selbst „gut" oder „schlecht" behandelst, wenn du freundlich oder böse zu jemandem bist. Du bist das selbst. Alles ist verbunden. Nichts existiert getrennt und für sich alleine.

Wieviel Not gibt es in der Welt! Weil ihr vergeßt, daß ihr selbst es seid, die ihr leiden laßt oder hungern oder sterben. Seid mitfühlend und gütig, und der Weg wird wesentlich einfacher für euch. Er liegt wie eine breite Straße vor euch, ihr braucht nur ruhig einen Schritt nach dem anderen zu tun. Und wir sind immer bei euch und bieten euch unsere Hilfe an, auf daß ihr nicht strauchelt oder stolpert.

(Frage, warum es so viel Schlechtes in der Welt gibt.)

Verstehe erst einmal dich selbst, bevor du die Welt verstehen willst. Vergiß das „warum" und „wozu". Erforsche dich bis ins Innerste, und du wirst in einem Augenblick all deine Fragen beantwortet finden.

Alles ist eins. Auch Fragen und Antworten sind eins, oder wenn du so willst, die Fragen tragen die Antworten bereits in sich. Natürlich kannst du fragen, aber du weißt aus Erfahrung, daß aus jeder Antwort neue Fragen entstehen. Also beende dieses Spiel. Die einzige Frage, die dich bewegen sollte, ist die nach deinem wahren Sein. Wer bist du denn wirklich? Das solltest du wissen und erkennen!

Bedenke, daß nichts und niemand dir schaden, dich kränken oder verletzen kann, wenn du in dir ruhst. Du hast alle Kraft, alle Gesundheit, allen Reichtum, alles, was du brauchst, in dir. Es fehlt nichts!

Spüre, daß du erfüllt bist vom Geist, daß dir *alles* möglich ist und alle Wege offenstehen, für was immer du tun willst. Doch achte darauf, daß es im Einklang ist mit deinem Herzen und dem, was du dort spürst. Handle nie gegen dich selbst. Das ist Sünde.

Vertraue uns! Sprich mit uns! Wir sagen dir nochmals und werden es immer wieder tun, daß wir dich lieben und achten und uns sehr freuen, hier mit dir zu sein.

(große Zweifel) Warte ab. Hab noch ein wenig Geduld. Bald wirst du all das können, was du dir wünschst (Hilarion sehen, spüren, hören, deutlich wahrnehmen). Wir sehen das. Sei zuversichtlich. Beherrsche deine Ungeduld.

Ich verabschiede mich, weil du zur „Tagesordnung" übergehen willst. Aber wisse, daß unsere Verbindung auch dann bestehen bleibt. Ich bin stets an deiner Seite, schicke mir ab und zu einen Gedanken, das wird es dir von Mal zu Mal erleichtern, mit mir zu kommunizieren und dich meine Stimme klarer hören lassen.

Sei umhüllt von Frieden und Licht.

9. 11. 2001   Frei sein von Sorgen und Zweifeln

Vergiß doch einmal, daß du ein Mensch bist, hebe dich darüber hinweg. Du bist kein Mensch, gebunden an irgendwelche irdischen Fesseln, du bist Geist, reiner Geist unendlichen Bewußtseins, *das* ist dein wahres Zuhause, dein wirkliches Sein. Du fühlst, handelst, denkst wie ein Mensch, du setzt dir selber diese Grenzen, du sperrst dich selbst in dieses Gefängnis ein. Und du selbst hast die Möglichkeit, einfach aus diesem Gefängnis herauszutreten.

Erinnere dich an deine Herkunft, die Heimat des Geistes. Wenn du still sitzt, erinnere dich an das Einssein mit dem Einen Höch-

sten, und du wirst großen Frieden und eine tiefe stille Freude empfinden. Bleibe dir bewußt, daß nichts auf dieser Erde und in dieser
materiellen Welt wirklich von Bedeutung ist, nur dein Bewußtsein
ist von Bedeutung. Deine Wahrnehmungen täuschen dich in jedem
Augenblick. Schule deine innere Wahrnehmung! Nur mit dem
Auge des Geistes kannst du die Wirklichkeit erkennen.

(Große Zweifel und Frage wegen meiner Finanzen.)

Wir haben dir schon so oft gesagt, vertraue uns. Dein Glaube
und dein Vertrauen wird wachsen, deine Zweifel werden verschwinden.

Was deine finanzielle Situation betrifft, so können wir dir sagen,
daß du dir auch darüber *keinerlei* Sorgen zu machen brauchst. Wir
sorgen für dich, schon allein aus dem Grund, daß du genügend
Zeit für die Arbeit mit uns hast. Und wie wir schon sagten, haben
wir noch mehr mit dir vor. Du wirst dann nicht mehr viel Zeit für
etwas anderes haben, also laß uns für deinen Unterhalt sorgen. Das
ist für uns nichts Schwieriges. Glaube uns, daß wir das können! Du
sollst frei sein von materiellen Nöten und Sorgen und dich nicht
mit solchen Dingen herumquälen müssen, das behindert den freien
Fluß des Geistes und lähmt dich innerlich.

Deshalb sei gewiß, daß du keine Not leiden mußt, wenn du
deine Zeit damit zubringst, unsere Botschaften zu empfangen und
aufzuschreiben. Gibt es denn eine schönere Aufgabe für dich als
diese? (Nein, wirklich nicht!)

Wenn du Zweifel hast, so erinnere dich nur daran, daß du eine
Tochter der Lichtfamilie bist und daß du einfach den Strom des
Lichtes aus deinem Inneren fließen läßt. Kannst du dann noch von
„meine" Gedanken oder „nicht meine" Gedanken sprechen? Alle
„deine" Gedanken entspringen der Einen Quelle, dem Urgrund
allen Seins. Meine und deine Gedanken sind dieselben. Wir sind
eine Einheit.

9. 11. Numerologie

(Da ich mich auch viel mit einer speziellen Numerologie beschäftige, frage ich Hilarion, ob mir die Meister etwas über die Ziffern und Zahlen sagen können.)

Ja, das können wir.

1, 2 und **3** sind wunderbare Zahlen. Sie sind die Grundlage, auf der alles steht.

Die Eins ist sichtbare Form des unsichtbaren, unaussprechlichen Einen. Sie ist unteilbar, aber unendlich zu vervielfältigen. Wenn du diese unteilbare 1 verdoppelst, entsteht etwas ganz Neues, die Zwei, aber im Grunde besteht sie (die 2) lediglich nur aus dem Einen in vervielfältigter Form.

Das gilt natürlich für alle Ziffern. Sie alle sind Vervielfältigungen der Eins, des Einen, sie enthalten nichts als 1, 1, 1, ... Das ist ihre wahre, ihre innere Qualität. Nimm zwei 1en zusammen, eine 1 und

eine gespiegelte, ↑ so: ↑

und du erhältst einen Pfeil. Dieser Pfeil zeigt auf das Eine, das in allem ist. So ist die 2 immer ein Hinweis und die Möglichkeit, auf das Eine zu schauen über die Zweiheit, d.h. du kannst durch die Polarität oder Dualität eurer Welt die Einheit erkennen, wenn du deine Augen öffnest. Die Einheit + ihre Spiegelung in der Welt ergibt die Dualität, die 2.

Die Zwei/Dualität macht es dir möglich, in der irdischen Welt zu leben. Nur mit Hilfe der Polarität kannst du als Mensch auf der Erde leben. Die Zwei ermöglicht dir die Erfahrungen deiner menschlichen Gefühle, deiner Gedanken und all deiner Wahrnehmungen.

Erinnere dich, die 2 ist die 1 + ihre Spiegelung. Nimm die Spiegelung weg, und du hast die 1/eins! Nimm in der Dualität die Spiegelung fort und du bist augenblicklich in der Einheit!

(Nachtrag vom 10.11.)

(Frage nach den anderen Ziffern und Zahlen, da bisher nur von der 1 und der 2 die Rede war.)

Die 3 ist eine Zahl, die aus der Verbindung der 1 mit der 1 und noch einer 1 entstanden ist, d.h. die 1 + ihre Spiegelung ergab die 2, das ist ein Paar, und aus dem Paar entsteht etwas Neues, das ergibt die 3, die Trinität. Die 3 ohne die 2 und die 1 ist nicht möglich. Die 3 beinhaltet Harmonie und Vollkommenheit. Sie ist gleich gerichtet nach allen Richtungen, d.h. sie orientiert sich im Raum. Sie hat eine Dimension mehr als die 2, das bedeutet, sie hat einen wesentlich größeren Horizont, ihr Blick ist viel umfassender als der der 2. Die 3 bedeutet auch, daß etwas Neues in die Welt getreten ist. Die 3 bedeutet Neuorientierung.

Die 4 ist das Kreuz der Erde. Sie bewirkt Anziehung und Abstoßung, da entgegengesetzte Kräfte wirken, z.B. horizontale und vertikale. Selbst in der Ziffer 4 ist dieses Kreuz enthalten.

Die 4 ist die Zahl der Manifestation, der Erde, und die 4 + die 1 ergeben die 5, d.h. die Manifestation + Gott ergibt den Menschen. Er entsteht, wenn das Eine Bewußtsein + die Manifestation/Erde zusammenkommen.

Die 5 nährt die in ihr enthaltenen Zahlen. Sie erscheint nach der Dualität und der Dreieinigkeit und faßt diese beiden zusammen (2 + 3). Die 5 ist die Zahl des Menschen. Der Mensch ist ihr Ausdruck, er beinhaltet das Eine, die 1, er lebt in der Dualität/Polarität, der 2, er hat Bewußtsein, die Ausdehnung in den „Raum" entsprechend der 3 und er ist ein irdisches Geschöpf, was der 4, der Zahl der Erde entspricht. Erst mit der 5 ist es möglich, einen Stern zu

erschaffen und dieses Pentagramm

ist Symbol des Menschen im Kosmos.

Die 6 ist die Zahl des Geborenwerdens. Sechs Kräfte müssen zusammenwwirken, damit Neues sich offenbaren kann. Sie ist 2 x die 3, die Trinität, das bedeutet z.B. Körper, Seele und Geist und deren „Doppelgänger" oder „Spiegelbilder". Das „himmlische" und das „irdische" Dreieck ergeben das Hexagramm:

Nicht „zufällig" könnt ihr zwischen sechs und Sex keinen Unterschied hören. Aus der Sexualität wird neues Leben geboren, und die sechs Kräfte, die dazu nötig sind, sind: Verlangen, Liebe, Demut, Wille, Anpassung und Entwicklung.

Die 6 ist insofern besonders, als man ihre Teiler: 1, 2 und 3 addieren kann, und es ergibt sich wieder die Zahl 6: 1 + 2 + 3 = 6. Das ist bei keiner anderen Ziffer von 1 bis 9 möglich.

Die 7 ist das Herz des Kosmos, sie trägt den Himmel in sich. Sie hat eine „himmlische" Qualität. Auch hier ist es kein Zufall, daß ihr sagt, „ich bin im siebten Himmel", wenn ihr verliebt seid. Der „siebte Himmel" ist die Schwingung des Glücks und der Freude.

Die 8 ist die 2 in 3. Potenz – 2^3 –, danach kommt die 3 in 2. Potenz – 3^2 –, d.h. nach der Acht kommt eine Art Umwälzung. Denke daran, daß ein Würfel 8 Eckpunkte hat, etwas „Quadratischeres" gibt es nicht, mit der Neun geht es wieder über in eine weniger „quadratische" Form. Der doppelte Charakter der Acht zeigt sich darin, daß diese „quadratische" Qualität als Form das nicht endende Kreisen hat.

Wenn du die Zwei nimmst und spiegelst, verdoppelst, hast du eine andere Wahrnehmung, bist in einer anderen Ebene. Wenn du jetzt nochmals spiegelst, verdoppelst, bist du wieder in deiner ursprünglichen „Welt", aber mit anderem Bewußtsein, es ist die duale Welt der Zwei, aber mit höherem Bewußtsein.

Und der Acht fehlt noch eins zur Neun, d.h. zur Vollendung von einem Ziffernzyklus. Aber sie ist schon in Sicht, beinahe greifbar. Die Acht bietet sozusagen das Versprechen auf das Erreichen des Ziels und das Ende der Reise. Daß dies nicht wirklich ein „Ende" ist, zeigt dir die Form der 8. Egal an welchem Punkt du beginnst, dieser Anfangspunkt ist auch immer Endpunkt. Jeder Punkt ist Ende und Anfang zugleich, es geht immer weiter und weiter.

Die **9** ist die Zahl der Vollendung. Sie birgt alle anderen Ziffern in sich in ihrer „Spiegelform", d. h. in der 9 ist die 8 enthalten und die 7 und die 6 und die 5 usw. Jedoch dürft ihr nicht vergessen, daß auch die 9 in Wahrheit nur aus 111111111 besteht. Die Eins ist die Essenz, auch hier.

Die 9 ist die Dreiheit potenziert 3^2 , das verleiht ihr eine besondere Stärke und Ausstrahlung.

Noch kurz etwas zur **10**.

Hier kommt das Eine, die Eins der Einheit mit ihrem Symbol, dem Kreis, zusammen und zeigt sich in ihrer ganzen Fülle. Die Zehn ist somit die Erfüllung und Vollkommenheit. In ihr sind nun alle anderen Ziffern enthalten bis zur 9 plus 1. Hier schließt sich der Kreis und sämtliche Erfahrungen und Qualitäten aller „unteren" Ebenen, vereint mit dem Göttlichen, kehren zurück in die vollkommene Einheit. Die Einheit der 1 ist jedoch erweitert in die Einheit der 10 und dazu mußten sämtliche Erfahrungsstufen, Ebenen, und Schwingungen aller anderen Ziffern durchschritten werden.

Das Geheimnis der Zahlen ist ein großes Mysterium, ihr könnt damit das ganze Universum erforschen und die Wahrheit entdecken. Wir sind gerne bereit, euch dabei behilflich zu sein, wenn ihr uns darum bittet.

Zahlen und Symbole haben große Kraft, ihr nutzt diese kaum. Wir möchten euch ermutigen, euch mehr damit zu beschäftigen um sie für euch wirken zu lassen.

Ihr könnt die „Qualitäten" der Energien spüren, einfach indem ihr die Ziffern bzw. ihre Symbole malt und euch dabei auf eure Gefühle konzentriert.

Zeichne z.B. jeweils ein paarmal einen Kreis und spüre wie du dich fühlst, dann eine Linie, dann z.B. ein Dreieck, ein Quadrat, das Pentagramm oder Hexagramm. Du wirst sehr wohl Unterschiede in deinem Empfinden und deiner Wahrnehmung spüren können.

Wenn dich dieses Thema interessiert, so vertiefe dich in jede einzelne Ziffer und nimm ihren inneren Gehalt in deinem Herzen wahr.

Du hast etwas anderes erwartet, nicht wahr? (Ja, allerdings!) Und jetzt bist du enttäuscht. Das liegt daran, daß du bestimmte Erwartungen und Vorstellungen hast. Laß sie los! Wir wünschen so sehr, daß du endlich frei wirst!

10. 11. 2001   Handeln als Spiegel des Bewußtseins

Höre, wir sind da! Ich bin es, Hilarion, und viele meiner Herzensbrüder. Wir sind hier, um dir unsere Botschaft der Weisheit und der Liebe zu bringen. Was du, was ihr daraus macht, liegt bei euch. Wie ihr unsere Worte auslegt und anwendet, hängt von eurem Bewußtsein, eurem Willen und eurer Bereitschaft weiterzugehen ab. Wir können euch niemals zwingen, das anzuwenden, was wir euch raten, die Worte in die Tat umzusetzen, die wir euch übermitteln. Das müßt ihr alleine tun. So laßt stets euren Worten und Gedanken die entsprechenden Taten folgen.

Wenn ihr nur sitzt und grübelt, passiert nichts. Es ist gut, in Stille zu sitzen und über bestimmte Dinge nachzudenken, doch dann kommt das Handeln, das ist sehr wichtig.

Euer Tun spiegelt eure innere Haltung, eure Gesinnung, euer Bewußtsein. An den Taten könnt ihr die Menschen erkennen. Doch wichtig ist nicht allein die Handlung, sondern aus welcher Gesinnung heraus ihr sie tut. Euer Bewußtsein ist das Entscheidende. Prüft eure Beweggründe, aus denen heraus ihr handelt, sie sollten absolut rein sein, d.h. immer dem Wohle dienen, dem Wohle nicht nur eurer selbst, sondern dem Wohle des Ganzen, d.h. der Familie, des Landes, der Erde, des Universums, der Einheit.

Stellt euch vor, jeder würde stets zum Wohle aller handeln, was glaubt ihr, wie es dann auf der Erde aussähe? Und diese Zeit wird kommen, da ihr nicht mehr nur an euch selbst denkt, sondern da ihr euch als ein Teil von etwas Größerem seht und empfindet und entsprechend handelt. Ihr seid Zellen des kosmischen Wesens und solltet weder Haß füreinander empfinden noch euch schaden oder bekriegen. Was wäre, wenn eure Körperzellen sich gegenseitig hassen und bekämpfen würden? Ihr würdet krank werden oder sogar sterben.

Wir werden euch immer und immer wieder die Botschaft der Liebe überbringen.

Verglichen mit uns steht ihr am unteren Ende einer Leiter. Ihr steht da und zögert, ihr seht die schönen und angenehmen Dinge um euch herum und ihr wißt nicht, was euch am oberen Ende der Leiter erwartet. Wir stehen am oberen Ende der Leiter und warten auf euch. Wir reichen euch die Hand, damit ihr es leichter habt, doch selten wird die Hand wahrgenommen und festgehalten. Jede Sprosse der Leiter bringt euch ein Stück mehr Ruhe und Gelassenheit. Je höher ihr steigt, umso leichter werdet ihr euch fühlen, umso weniger „Gepäck" tragt ihr, denn bei jeder Sprosse verliert ihr etwas von eurem Ballast, der euch an die materielle Welt bindet.

Ballast sind z.B. alte Gewohnheiten, an denen ihr so sehr hängt. Werft sie ab! Sie fesseln euch und hindern euch daran, so zu sein, wie ihr wirklich seid. Was tut ihr nicht alles aus Gewohnheit! Fragt euch ab und zu bei diesen alltäglichen Dingen, ob ihr sie noch braucht und ob ihr sie noch wollt. Entscheidet euch, ob ihr neu handeln wollt. Tut etwas Neues! Handelt einmal nach einem anderen Muster, werft das alte ab. Denkt daran, euch ist alles möglich! Ihr legt euch selbst ständig Fesseln an, die ihr einfach abwerfen könntet.

Bis du erkennst, wer du bist, solltest du sehen, was dich hindert. Auch das wird dir helfen, dich zu befreien. Nur die Fesseln, die du siehst, kannst du abwerfen. Fange mit kleinen Dingen an. Das Leben besteht aus vielen kleinen, alltäglichen Dingen. Hier ist dein Tätigkeitsbereich, wo du täglich üben und Fortschritte machen kannst.

Wie wäre es zum Beispiel, wenn du morgens beim Frühstück einmal „Danke" vor der Mahlzeit und danach sagen würdest? Würde dir das gefallen? (Ja) Mir auch. Ich freue mich, daß dein

Herz sich angesprochen fühlt. Ein dankbares Herz ist ein großes Geschenk. Auch die Kinder kennen zu wenig Dankbarkeit. Die Eltern müßten hier ein besseres Vorbild sein. Übt euch darin, jeden Tag dankbar zu sein!

(Ich sage danke, danke, danke!)

Viele von euch sind bald bereit, den großen Schritt zu tun. Gib diese Botschaft weiter, es wird diejenigen ermutigen, die sie empfangen. Seid mutig, seid stetig, wir helfen euch, wir sind an eurer Seite.

Meine Liebe ist stets mit euch, Ich bin Hilarion, und du kannst mich schon fast spüren. Noch ein klein wenig Geduld und wir werden eine wunderbare Gemeinschaft bilden. Du wirst mich sehen, hören und fühlen können, das verspreche ich dir.

Ich segne dich mit den Strahlen meiner kosmischen Liebe. Gute Nacht.

11. 11. 2001   Der Intuition folgen

(Ich möchte nichts aus meinem Unterbewußtsein aufschreiben, sondern wirklich nur Botschaften von Hilarion bzw. aus der geistigen Welt.)

So soll es sein! Ich bin hier. Sei gegrüßt.

(Ich sende einen Lichtstrahl zum Stern und hoffe, daß die Verbindung da ist.)

Ja, unsere „Telefonleitung" ist geschaltet. Fangen wir an.

Ein neuer Tag wartet auf dich. Was willst du daraus machen? Weißt du das? Was soll er dir bringen? Womit willst du ihn füllen? Mache dir am Morgen klar, was du tun willst, und tue das dann auch. Laß dich nicht beirren und von Äußerlichkeiten ablenken.

Wichtig ist, daß du immer wieder zu deiner Quelle zurückkehrst, d.h. daß du immer wieder einmal einen Moment innehältst und dich nach innen wendest, um den Kontakt zu deinem innersten Wesen nicht zu verlieren bzw. neu aufzunehmen. Wenn du so den

Tag verbringst, wird dir vieles leichterfallen und besser von der Hand gehen.

Außerdem wirst du erkennen, daß manches, was du vorhattest, gar nicht getan werden muß. Laß es sich selbst erledigen. Du hast nicht für alles Verantwortung. Traue dich, auch etwas loszulassen und sich selbst zu überlassen. Viele Angelegenheiten würden sich von alleine in vollkommener Weise erledigen, wenn ihr nicht dauernd daran „herummachen" würdet, d.h. ihr glaubt zu wissen, wie etwas laufen soll, obwohl ihr es in Wirklichkeit überhaupt nicht wißt. Wie solltet ihr es wissen, wenn ihr es nur mit eurem Verstand betrachtet? Wenn ihr eure Intuition benützen würdet, würdet ihr die „ideale" Lösung erkennen und wüßtet sicher, daß dies die richtige ist.

(Ich sitze und habe das Gefühl, daß nichts fließt.)

Ich versuche, dir etwas zu sagen, aber du blockst schon vorher ab, weil du befürchtest, es kommt aus dir. Natürlich kommt es aus dir, denn **ich bin** in dir. Woher sollte es sonst kommen? Meine Stimme kommt aus deinem Herzen, denn dort **bin ich**! Warum fürchtest du dich?! Spürst du nicht, daß wir dir nur Worte der Liebe geben, die aufbauend, ermutigend und stärkend sind?

Laß deine Zweifel! Du möchtest etwas „Spektakuläres", nicht wahr? Das können (schmunzelnd) oder wollen wir dir nicht bieten. Alles Wahre ist einfach und unspektakulär. Die Wahrheit ist natürlich. Und daran kannst du schon erspüren, daß wir in Wahrheit da sind, weil es sich für dich eben *nicht* spektakulär, sondern ganz natürlich anfühlt, ganz „normal". So soll es sein. Und so besteht auch nicht die große Gefahr, daß sich dein Ego aufbläht und eingebildet wird. Im Gegenteil, es wird dadurch lernen, demütiger und bescheidener zu sein.

Du siehst, hinter allem steckt eine große Weisheit, die du nur noch nicht erkennen kannst. Deshalb ist es so wichtig, die Dinge nicht vorschnell und nach dem äußeren Schein zu beurteilen oder Menschen deshalb zu verurteilen. Ihr wißt oft wenig über die wahren Hinter- und Beweggründe, die jedoch das Ausschlaggebende sind und das, was zählt. Doch verschwendet nicht zuviel Energie damit, über die Beweggründe der Taten anderer nachzugrübeln, schaut lieber genauer hin, aus welchen Motiven ihr sprecht und handelt. Erforscht euch erst einmal selbst. Solange ihr euch selbst ein Rätsel seid, wie wollt ihr irgend etwas sonst erkennen?!

Du bist das ganze Universum!

Du bist das Ganze!

Du bist Das!

Du bist!

Daran erinnere dich!

Welche Köstlichkeit und Kostbarkeit – zu sein!

Du kannst jetzt Schluß machen. Ich danke dir. (Ich spüre tiefe Dankbarkeit!)

Schau, und schon spürst du die Dankbarkeit in deinem Herzen, denn meine und deine Dankbarkeit sind eins! Das ist wahrlich wunderbar.

Ich begleite dich und bin bei dir in jeder Minute deines Tages.

12. 11. 2001   Gewohnheiten loslassen

(Ich habe wieder Zweifel.)

Höre! Du kannst doch die Stimme in deinem Herzen hören. Spürst du nicht den Unterschied zu deinen Gedanken? (Ja) Siehst du, wir sprechen aus deinem Herzen, deine Gedanken entstehen in deinem Kopf.

Bei allem, was du tun willst, kannst du dich einen Moment besinnen und dein Herz befragen, es wird dir immer die richtige Weisung geben oder die richtige Antwort auf deine Frage. Deshalb ist es so wichtig, immer wieder einmal still zu sein und einfach zu lauschen, nach innen zu hören.

Was wir sagen, ist einfach, dir zu einfach, ich weiß das! Wie sollten jedoch Menschen unterschiedlicher Bewußtseinsebenen unsere Worte verstehen, wenn wir kompliziert und phrasenreich sprechen würden?

Wir lieben die Einfachheit. Und du liebst sie im Grunde auch. Deshalb passen wir so gut zusammen und können mit dir arbeiten.

Wir möchten, daß du den Menschen die Botschaft der Liebe und des einfachen, reinen Herzens bringst, und das ist in heutiger Zeit keine leichte Aufgabe. Aber wir geben dir das nötige Rüstzeug dafür. Wir unterstützen dich in jeder möglichen Form. Du spürst doch schon einen Kräftezuwachs oder nicht? (Ja) Siehst du, alles paßt wunderbar zusammen, das Sesshin kam genau zur richtigen Zeit, und jetzt bist du bereit, neue Aufgaben zu erledigen, neue Wege zu gehen, nachdem du die letzten Jahre eine ruhige Zeit hattest, eine Zeit, die dich vorbereitet hat auf das, was jetzt kommt.

Du wirst Veränderungen erleben und dich auf eine neue Situation einstellen müssen. Aber es wird dir viel Freude und Befriedigung bringen.

Du hast uns so oft gebeten, ein Kanal für die geistige Welt sein zu dürfen – nun, jetzt bist du es! Ein bißchen anders, als du es dir vorgestellt hast (allerdings!), aber es wird so für dich viel befriedigender und erfüllender werden als du ahnst.

Wir begleiten dich durch den Tag, und wir meinen jeden, der dies liest oder hört.

Wir helfen dir bei deinen Problemen, wir suchen für dich neue Wege und Möglichkeiten, dich zu entfalten und deinen Lebensplan zu erfüllen.

Doch laß die materielle Welt los. Sei ihr nicht so sehr verhaftet. (Mein Protest: ich bin ihr nicht sehr verhaftet!)

Doch, auch du bist ihr noch sehr verhaftet. Was wärest du ohne deine warme Wohnung, ohne dein Bett, ohne deine Brille (vollkommen „aufgeschmissen"!), ohne all die Dinge, die dich umgeben und die du gewohnt bist? Wenn du dich woanders befindest, sehnst du dich nach ein paar Tagen doch wieder nach deinem Gewohnten zurück, d.h. du hängst daran. Und das ist ja auch nicht „schlimm" oder „falsch", es behindert nur dein Vorwärtsschreiten, wenn du so daran hängst, daß du etwas anderes nicht akzeptierst oder es ablehnst. Heiße das Andere, das Neue willkommen. Wehre dich nicht dagegen. (Schelmisch-humorvoll) Widerstand ist zwecklos!

Du kannst den Fluß des Lebens weder ändern noch aufhalten. Am einfachsten ist es, sich dem Fließen einfach hinzugeben, d.h. aber auch flexibel zu sein. Macht der Fluß eine Linkskurve, schwimme nach links, liegen Felsen im Flußbett, weiche diesen aus, passe dich dem Flußlauf an und laß dich tragen. Du brauchst gar nicht viel zu tun, fließe mit, sei offen und anpassungsfähig, versuche (dich) nicht festzuhalten. Fließt der Strom in eine neue Richtung, so gehe mit in diese neue Richtung.

Wir leben auf so vielen Ebenen, daß wir uns fragen, wie ihr mit eurer beschränkten Ebene zufrieden sein könnt und es so wenige Menschen gibt, die wirklich bereit und offen sind, sich auf neue Ebenen der Wahrnehmung und Erfahrung einzulassen. Euer Leben könnte so viel bunter, reicher, interessanter und lebendiger sein, wenn ihr nicht an dem euch Bekannten und am Alten festhalten würdet.

Besinnt euch! Alle Möglichkeiten stehen euch offen. Erkennt, daß ihr unbegrenzte Fähigkeiten und Kräfte habt, die darauf warten, von euch benützt zu werden. Wir sind nicht stärker oder besser als ihr, wir sind uns aber unserer Möglichkeiten, Fähigkeiten und Kräfte bewußt und können diese bewußt lenken und gebrauchen, was wir auch tun. Ihr könnt das auch!

(Wie?!) Fange bei kleinen Dingen an. Übe dich im Alltag, indem du mehrmals etwas wiederholst, was du seither „so" gemacht hast, und versuche, es nun mit geistiger Kraft neu, d.h. auf vollkommen andere Weise zu tun.

Zum Beispiel beim Wasserkochen. Du kannst das Wasser durch deine Geisteskraft rascher zum Kochen bringen, wenn du dich darauf konzentrierst. Versuche es! Schau auf die Uhr. Selbst wenn es sich zuerst nur um wenige Sekunden handelt, die es kürzer dauert – das ist phantastisch. Denn es zeigt dir, wozu du fähig bist! Probiere es aus! Solche konkreten Beispiele, und wenn es noch so kleine Dinge sind, werden dir sehr dabei helfen, daß du mehr Vertrauen in dich und dein Können bekommst. Du kannst es morgen früh gleich ausprobieren. Schau auf die Uhr und prüfe es. Deinen Augen wirst du trauen.

Oder versuche einmal, etwas auf der Hand zu halten (und dabei vorwärts zu gehen), was eigentlich nicht möglich ist, eine winzige Feder zum Beispiel, die sofort wegfliegen würde. Halte sie durch deine Konzentration. Und gib nicht gleich auf, wenn es beim ersten Versuch nicht klappt.

Übung, Übung, Übung! Wenn du übst, wirst du sehr schnell lernen und große Fortschritte machen.

Du kannst auch versuchen, deine Kleidung rein zu halten mit Hilfe deiner Konzentration. Das ist nicht unmöglich. Reinige sie mit deinem Geist, im Bewußtsein, nicht nur einmal, sondern mehrmals am Tag und immer wieder. Du wirst sehen, daß die Farben leuchtender werden und deine Kleidung reiner wird.

Bemühe dich, auch innerlich rein zu sein. Reinige deine Gedankenwelt.

Wir sehen jeden Gedanken, jedes Gefühl, du kannst nichts verheimlichen. Und schäme dich nicht! Schäme dich niemals deiner Gedanken oder Gefühle, aber läutere dich.

Wir umarmen und segnen dich. In Liebe seist du gegrüßt.

13. 11. 2001   Die innere Wahrheit entdecken

Eine Botschaft für heute morgen.

Bemühe dich, in allem das Gute zu sehen, das ja immer da ist, selbst wenn der Augenschein etwas anderes sagt. Allen Dingen, allen Wesen, allen Ereignissen wohnt etwas Gutes, Lichtes, Positives inne, das nur nach außen oft nicht zu sehen ist.

Die menschlichen Augen nehmen nur die oberflächlichen Dinge wahr, die inneren Augen sehen in die Dinge hinein und erschauen das Wahre darin. Diesen Blick ins Herz aller Dinge gilt es zu üben, darin solltet ihr Meister sein. Dann laßt ihr euch nicht mehr blenden von äußerem Schein, egal, wie er aussieht, sondern ihr blickt direkt ins Angesicht der Wahrheit. Im innersten Kern steckt das wahre Wesen, die äußeren Hüllen sind nur „Attrappen", die euch helfen, eure vielen Spielchen zu spielen. Schärft euren Blick für das Wesentliche und unterscheidet, was wirklich wichtig ist und was nicht.

Ihr dürft euch natürlich zum Beispiel schön kleiden, es gefällt auch uns, wenn ihr „schön" angezogen seid, doch laßt euch nicht von einer „schönen" Fassade täuschen, sondern schaut, was dahinter steckt, welche Seele darin wohnt, wie die Wahrheit aussieht. Wenn du die Wahrheit erblickst, wird alles andere von selbst von dir abfallen, und so wie du die Wahrheit im Gegenüber schaust, wirst du deine eigene Wahrheit schauen. Wenn du deine eigene Wahrheit erlebst, wirst du *sofort* in allem die wahre Wirklichkeit erkennen. Das eine gebiert das andere in *einem* Augenblick. Denn deine eigene Wirklichkeit und die Wirklichkeit aller „anderen Dinge" sind eins.

Wirklichkeit ist eine. Wahrheit ist eine. Es gibt nichts außerhalb davon. So bemühe dich, ins Herz von allem zu schauen, und schule deinen inneren Blick. Das Herz kann etwas ganz anderes wahrnehmen als die äußeren Augen, die mit dem Verstand verbunden sind. Laß öfters einmal den Verstand ruhen und schaue einfach nur. Als reiner Beobachter. Das ist eine gute Übung, um deine innere Wahrnehmung zu schulen. Laß die Dinge einfach so sein, wie sie sind, und auf dich wirken. Und spüre und schau, was passiert. Du wirst allmählich Dinge wahrnehmen, die dir vorher völlig entgangen sind.

(Ich entschuldige mich, daß ich immer noch solche großen Zweifel habe.)

Du brauchst dich nicht zu entschuldigen. Wir verstehen dich. Aber wir bitten dich sehr, deine Zweifel zu beseitigen. (Wie?!) Indem du Bestätigung bekommst für die Güte und das Aufbauende unserer Worte. Also gib sie weiter und erlebe die Reaktionen darauf. Das wird dein Vertrauen wachsen lassen und die Zweifel allmählich zum Verschwinden bringen.

Es ist sehr wichtig, daß du unsere Botschaften weitergibst. So ist es gewollt und geplant. Sie sind für viele Menschen gedacht, nicht für dich alleine.

Wir sind jetzt bei dir, weil wir gut mit dir arbeiten können, aber sage allen, die Hilfe brauchen, daß wir in jedem Moment bei jedem Wesen sind, das um Hilfe bittet. Wir sind immer bereit, unsere Liebe auszuschütten und die Richtung zu weisen zum Licht.

Du mußt bereit sein zu hören. Öffne dich und lausche. Dann wirst du unsere Stimme in deinem Herzen vernehmen. Jeder kann das.

Wir geleiten dich auch auf deinem Weg zu Devi Ma und werden dort mit euch sein und euch ganz viel Licht und Liebe geben.

Wir sind *eine* Familie, und das ist wunderbar.

4. Dein wahres Ziel

14. 11. 2001   Die reinigende Kraft der Liebe

(Ich versuche, gewollt mit dem Herzen zu denken, was mir nicht gelingt.)

Du siehst, du kannst die Gedanken im Herzen nicht „machen", sie kommen von selbst. Das sind wir, die zu dir sprechen.

(Was soll ich schreiben?)

Wir grüßen dich erst einmal aus einem Herzen voller Liebe. Wir sind immer sehr erfreut, wenn du uns in deinem Herzen einen Platz gibst.

Es ist wichtig, sein Haus reinzuhalten, und dein „Haus" ist dein Herz, und auch unser „Haus" ist das Herz – dein Herz und die Herzen vieler, vieler Menschen, die uns eine Heimstatt bei sich geben, d.h. die bereit sind und dies auch kundtun, die geistige Welt in sich zu empfangen.

Und wie soll die Heimstatt aussehen? Sie soll sauber und ordentlich sein, ihr wollt euch darin wohlfühlen, es gut darin haben, euch zu Hause fühlen. Seht, so soll euer Herz sein. Ihr solltet es so pflegen, daß ihr euch darin wohl und zu Hause fühlt und wir auch, wenn wir von euch eingeladen werden.

Die größte „Reinigungsmaschine" ist die Liebe. Sie beseitigt alle Unreinheiten, allen Schmutz und Staub, sie macht alles hell, licht und rein. Sie selbst ist Licht und Reinheit. Wo Liebe ist, kann nichts Dunkles oder Unreines sein. Sie beseitigt die Unreinheiten und Unklarheiten im Herzen und in der Seele. Wenn ihr sehen könntet, wie ein liebeerfülltes Herz strahlt! Einen Abglanz davon könnt ihr sehen bei jemandem, der liebt und glücklich ist – er strahlt! Im wahrsten Sinne des Wortes. Er strahlt tatsächlich Licht und Liebe aus auf alle, die in seinen Kreis treten.

58

(Es fließt nicht. Ist es besser, vormittags zu sitzen, wenn ich wacher bin?)

Ja, das ist besser. Versuche es öfters am Vormittag, wenn du kannst. Wir sind immer bereit und warten auf dich. Versuche nicht, etwas zu erzwingen. Wenn du das Gefühl hast, es fließt nicht, dann warte. Sei einfach ganz ruhig, sitze still und warte, bis du den Impuls spürst, wieder zum Stift zu greifen. Er wird kommen. Zwinge dich nicht. Hab keine Sorge. Unser Kontakt wird nicht abbrechen. Wir helfen dir. Du bist nicht alleine. Niemals.

Wir haben noch so vieles zu sagen und sind froh, wenn du täglich wenigstens einen kleinen Teil unserer Botschaft erhältst. Du machst das schon sehr gut, gib nicht auf. Sei geduldig und mach einfach weiter. Arbeite an deinen Zweifeln und erinnere dich an das, was wir gesagt haben. Gib die Worte weiter und erlebe die Resonanz darauf. Das wird dich bestärken weiterzumachen.

Wir kennen deine Zweifel und fühlen mit dir. Höre nicht auf! (Ich war nahe daran!) Mach weiter. Wir wünschen das. Du mußt nichts tun! Wir erzwingen niemals etwas. Aber wir wünschen es uns und bitten dich, mit der Arbeit fortzufahren. Wir versichern dir, dein Vertrauen wird wachsen, und eines Tages wirst du über deine großen Zweifel lächeln.

Laß dich nicht entmutigen, wenn es mal nicht so „läuft", das ist der Lauf(!) aller Dinge. Mal läuft es besser, schneller oder leichter, mal geht es nicht so einfach, oder es zeigen sich Hindernisse oder „Störfaktoren". Hier bist du dein eigener „Störfaktor". Das ist für dich gewissermaßen von Vorteil, so kannst du ganz leicht den „Störfaktor" ausschalten, wenn du einfach sagst: „Ich mache weiter. Ich glaube. Ich vertraue." Das ist gut.

Du bist an einem Punkt, wo du genau hinschauen mußt: was kommt aus deinem Herzen, was ist Altes, nicht mehr Brauchbares, was sind Muster, die du gehen lassen solltest. Höre auf dein Herz. Wir wiederholen das immer wieder. Es ist so wichtig.

Liebe, liebe, liebe! Das ist, woraus dein Tag bestehen sollte. Und alles wird sich vergolden.

Wir segnen dich und umhüllen dich mit unserem Licht.

Liebe, liebe, liebe!
Wir lieben alles in einem Moment.

15. 11. 2001   Ruhiges Voranschreiten

Guten Morgen! Du fühlst dich heute nicht ganz gut, das kommt daher, daß du unbewußt gegessen hast. Es wird aber rasch vorbeigehen. Du spürst, wenn dir etwas nicht bekommt, also verzichte nächstes Mal darauf und lasse dich nicht von deinen Gelüsten verführen.

Hab Geduld mit dir. Du stellst oftmals zu hohe Ansprüche an dich. Deine Anforderungen sind sehr hoch. Nimm dir kleine Schritte vor und versuche, einen nach dem anderen zu bewältigen.

Du hast unendlich viel Zeit! Du kannst alles erreichen, wenn du Geduld hast, übst und Durchhaltevermögen zeigst. Beharrlichkeit ist sehr wichtig. Erinnere dich immer wieder daran, was dein Ziel ist. Wie willst du ein Ziel erreichen, wenn du es gar nicht kennst? Dein Ziel ist klar, wir sehen es in jedem Augenblick, doch auch du mußt dir dessen gewahr sein.

Die meisten Menschen haben materielle Ziele oder Ziele der irdischen Welt, sei es Macht, Ruhm, Geld/Reichtum, ein größeres Auto, eine bessere Stelle, eine harmonischere Familie usw. Diese Ziele sind das Erreichen von Wünschen, „so" oder „so" soll etwas sein und natürlich „besser", „schneller", „schöner". Wie mühselig, solchen Zielen nachzulaufen! Wir wissen, daß dein Ziel das höchste Ziel ist, deshalb sind wir auch bei dir, um dich zu unterstützen. Aber wir betonen nochmals: bleibe ruhig, habe Geduld. Je mehr du dich beeilst und schneller am Ziel sein möchtest, umso langsamer geht's. Also immer mit der Ruhe! Es gibt nichts zu verpassen, nichts zu versäumen. Sei getrost, du wirst dein Ziel sicher erreichen!

Was du heute tun kannst, ist, dich immer wieder einen Moment nach innen zu vertiefen und deine Dankbarkeit zu spüren. Sag allem Dank, was dir dankenswert erscheint. Und empfinde diese Dankbarkeit wirklich in dir.

(Was kann ich tun, damit es mir besser geht – habe Kopfschmerzen?)

Entspanne dich! Mach dir keine Gedanken, um nichts! Verschiebe deine Überlegungen auf später, wenn es dir wieder besser geht. Laß einfach einmal *alles* los. Kümmere dich um nichts. Leg alle Verantwortung ab, wirf allen Ballast ab – wenigsten für eine Zeitlang – wenn du wieder wohlauf bist, wirst du mehr Kraft für das alles haben. Deine Kopfschmerzen sind keine „Strafe", du machst sie dir selber, weil du dich im Kopf verkrampfst. Die Nahrung spielt auch eine Rolle, ist aber nicht der einzige Grund.

Hast du dich nicht gewundert, daß du während des ganzen Sesshins und auch davor und danach keine Kopfschmerzen hattest? (Ja) Du hattest keinerlei Alltagsgedanken, du warst ganz „im Geiste", so war dein Kopf frei und brauchte sich nicht anzuspannen. Deshalb entspanne und mache deinen Kopf frei, d.h. befreie ihn – wenigstens zeitweise – von allem irdischen Ballast.

Du bist so weit und trotzdem so unsicher. Wir versichern dir, du brauchst dich nicht als minderwertig oder als weniger zu empfinden als andere. Viele Menschen können wunderbar sprechen, erzählen viel, und haben höchst interessante Dinge zu berichten, aber das heißt gar nichts! Wie ihr Herz aussieht und wie weit sie auf ihrem Weg wirklich sind, kannst du nicht wissen.

Wir sehen es und sagen dir, du hast keinen Grund, auf irgend jemanden neidisch zu sein. Der äußere Schein ist trügerisch! Schau nur nach dir, in dein Herz, und spüre da dein Zuhause. Da allein findest du Zufriedenheit, da allein kannst du glücklich sein.

Geh in dich, finde deinen Ursprung, und alles andere wird sich auflösen.

Visualisieren ist das Herz des Erschaffens. Was du dir im Geiste vorstellen kannst, kannst du auch erschaffen.

15. 11., abends   Es gibt nur dich

Wir wünschen dir eine gute Nacht, und wir sagen allen, die diese Worte erreichen, daß ihr behütet und beschützt seid – während des Tages und während der Nacht. Wenn ihr euch abends schlafen legt, könnt ihr sicher sein, daß wunderbare geistige Wesen über euch wachen und keine Sekunde von eurer Seite weichen. Es ist wunderbar, so geborgen zu sein. Denkt daran, wenn ihr die Augen schließt am Abend und wenn ihr sie öffnet am Morgen. Und so wie diese wunderbaren Wesen bei euch sind, während ihr schlaft, so sind sie auch bei euch während jeder Sekunde des Tages, bei allem, was ihr tut. Erinnert euch immer wieder daran, ihr seid *niemals* allein. Es sind ständig hilfreiche Wesen an eurer Seite.

Deshalb habt keine Angst. Ihr braucht euch vor nichts zu fürchten, selbst wenn die äußeren Umstände dazu angetan sind, d.h. wenn es so scheint, als ob die Lage zum Fürchten sei. Doch wenn ihr ins Herz der Dinge schaut, werdet ihr erkennen, daß es nichts zu fürchten gibt, denn alles ist das Eine, alles seid ihr selbst. Wollt ihr euch vor euch selbst fürchten? Wenn ihr alles als euch selbst erkennt, verschwindet alle Angst und Furcht.

Es gibt nur dich. Du bist alles. Du bist das ganze Universum.

Du kannst das nicht glauben, und doch ist es wahr. Es wird der Tag kommen, da du das erkennen wirst, und dann wirst du wissen, daß wir die Wahrheit sprechen. Du lebst auch jetzt schon in der Wahrheit, du bist die Wahrheit. Erkenne das.

Du bist die einzige Wirklichkeit.

(Das sagt Maharaj auch!)

Das sagen *alle* Erleuchteten. Denn sie leben in der Wahrheit. Sie sind sich ihres wahren Wesens vollkommen bewußt. Sie leben im reinen absoluten Gewahrsein und sehen die absolute Wirklichkeit. Nichts trübt oder täuscht mehr ihren Blick. Nichts kann sie mehr anziehen oder abstoßen, erfreuen oder ängstigen.

Die Worte, die von den Erleuchteten verkündet werden, sind unterschiedlich, aber die Botschaft ist immer dieselbe. Deshalb ist auch unsere Botschaft nicht neu für dich.

Die Essenz ist eine, die Wahrheit ist eine. Schwinge dich ein und gehe darin auf. Glanz und Glückseligkeit warten auf dich. Wir umarmen dich.

16. 11. 2001   Eine neue Erde

(Hilarion, ich grüße dich und die, die mit dir sind.)

Wir grüßen dich auch. Du und alle Menschen liegen uns am Herzen, deshalb kümmern wir uns um euch.

Du glaubst, die Dinge, die in der Welt geschehen, geschehen eben einfach so, aber das stimmt nicht. Vieles ist geplant und wird von uns geleitet und „beaufsichtigt" und ist genau so gewollt. Keiner lebt isoliert für sich, ihr seid alle eingebunden in das Ganze, in ein globales Netz, in dem jeder seinen bestimmten, ihm zugewiesenen Platz hat. Dem könnt ihr nicht entfliehen. Und so wie deine Taten sich auf das Ganze auswirken, wirkt sich jede einzelne Tat eines jeden auch auf dich aus, selbst wenn du dir dessen nicht bewußt bist.

Doch manchmal spürt ihr etwas und wißt nicht, warum das jetzt so ist. In dem Augenblick spürt ihr das Gefühl eines anderen Wesens oder ein Geschehnis, welches an einem unter Umständen weit von euch entfernten Platz passiert.

Alles ist miteinander verbunden. So wundert euch nicht, daß ihr euch „schlecht" fühlt, wenn ihr euch in „schlechter" Gesellschaft befindet, und daß ihr euch buchstäblich erhoben fühlt, wenn ihr euch in der Gegenwart erleuchteter Seelen befindet.

Nichts ist einfach nur so, wie es zu sein scheint, und doch ist alles einfach so, wie es ist. Denkt über dieses „Koan" nach.

Viele „schreckliche" Dinge passieren zur Zeit auf der Erde, welche die Menschen in Angst und Schrecken versetzen. Viele lassen sich dadurch in eine Panik hineinziehen und wirklich herunterziehen auf dunklere Ebenen.

Ihr, die ihr nach dem Licht strebt, solltet sehr achtsam sein und euch dadurch nicht beeinflussen lassen. Wichtiger denn je ist es jetzt, euer Licht strahlen zu lassen, um anderen Menschen, die beeinflußbarer sind als ihr, einen Halt zu bieten. Und euer Licht strahlen lassen könnt ihr nicht, wenn ihr euch selbst beunruhigen und Furcht einjagen laßt. Ihr müßt Ruhe bewahren, vertrauen und euch innerlich verankern in euren Herzen, indem ihr in euch ruht, ganz still seid und euch daran erinnert, wer ihr seid und wohin ihr gehen wollt. Und erinnert euch daran, daß viele geistige Wesen als Helfer da sind und *niemals* die Erde sich selbst überlassen und dem Untergang preisgeben würden.

Es ist so wichtig, daß ihr euer Licht hochhaltet und scheinen laßt, nur das kann der Erde helfen, ihren wichtigen Entwicklungsschritt zu tun.

Betet, meditiert, dankt! Immer wieder von neuem. Wir bestrahlen „von oben" die Erde mit verschiedenen Strahlen, die ihr ebenfalls helfen und die es euch ermöglichen, noch hierzubleiben. Denn viele, viele Seelen, die nicht bereit oder fähig sind, sich auf die neuen Schwingungen einzustellen, werden die Erde verlassen müssen.

Die Schwingung der Erde hat sich in den letzten drei Jahren wieder wesentlich erhöht, das können diejenigen spüren, die offen sind. Und die Auswirkungen davon sind eben auch die vielen „Katastrophen" und „unmenschlichen" Taten, die ihr erlebt. Durch die höhere Schwingung wird das Dunkle aufgewühlt und setzt sich zur Wehr. Es ist wie ein letztes Aufbäumen vor seinem Untergang.

Laßt euch davon nicht schrecken. Es besteht für euch keinerlei Gefahr. Ihr seid sicher und beschützt. Das heißt nicht, daß alles gerade so bleibt, wie es ist. Auf keinen Fall! Ihr müßt mit großen Veränderungen rechnen und euch auf viel Neues einstellen. Deshalb übt euch schon jetzt darin, flexibel zu sein, Altes gehenzulassen, Neues willkommen zu heißen. Ihr müßt bereit sein, ganz neue Erfahrungen zuzulassen, dann werdet ihr wahrlich den „Himmel auf Erden" haben.

Fange an, deine Dinge zu ordnen! Das heißt, deine Beziehungen, deine Gefühle, deine Gedanken, deine Wohnung, Papiere, die vielen Krimskrams-Ecken, die du hast. Räume auf! Schaffe Klarheit und Reinheit! Überall! Das wird es dir sehr erleichtern aufzusteigen. Wie willst du „abheben" mit all dem „Kruscht", den du in dir und um dich hast?

(Ich bin schon dabei auszumisten!)

Es ist immer noch viel zuviel, was du aufhebst, an was du hängst, was du wie Gepäck auf deinem Weg mitschleppst. Laß es los! Wie leicht wirst du dann gehen können. Glaube mir, ich spreche die Wahrheit. Dinge, die dir wirklich am Herzen liegen, darfst du behalten, aber vieles ist unnützer Ballast, der nur beschwerlich ist und schnellstens entfernt werden sollte.

Schau, alles, was dich beschwert, ist dunkel, alles Dunkle ist schwer zu tragen. Licht wiegt überhaupt nichts! Und wenn du unendlich viel Licht mit dir trägst, wirst du es nie als Gewicht oder Bürde empfinden, im Gegenteil – Licht wird dich leichter machen, so daß du es einfacher hast, dich auf höhere Ebenen zu schwingen. Und wenn du Liebe in deinem Herzen hast, hast du Licht in dir, d.h. du wirst leicht und schwingst dich auf zu höheren Ebenen des Seins.

Wir befinden uns ständig in diesen höheren Ebenen, wir kommunizieren auch mit Hilfe des Lichtes.

Wir können mit Liebe alles erschaffen. Auch ihr könnt das! Wir sagen es euch noch einmal. Ihr seid nicht verschieden von uns. Was wir sind, seid ihr auch. Was wir können, könnt ihr auch. Was wir wissen, wißt auch ihr. Nur seid ihr euch all dessen (noch) nicht bewußt. Ruft das Licht an, um euch damit zu verbinden. Und bereits bei dem Entschluß, dies zu tun, fließt Licht in euch ein und macht euch heller, strahlender.

Ihr seid jeder einzelne wie eine kleine Sonne, die aber oft von Wolken verdeckt ist. Schiebt die Wolken fort, und die Sonne erstrahlt! Sie kann nichts anderes als strahlen, denn das ist ihr Wesen. Sonne und Strahlen ist eins, etwas anderes kann sie nicht, nur dafür ist sie da. So spürt eure innere Sonne in euch, und euer Strahlen wird alles erhellen.

(Gerade während ich dies über die Sonne schreibe, kommt die Sonne hinter Wolken hervor und bestrahlt mein Gesicht und den Block, auf den ich schreibe!)

Schau, jetzt geben wir dir ein Zeichen, siehst du es? (Ja, ja!)

Du hast recht, es ist *kein* Zufall, daß das Hervortreten der Sonne und das Schreiben deiner „Sonnen-Worte" zusammenfällt. *Nichts* ist Zufall. Alles greift ineinander. Alles ist mit allem verbunden. Durch Liebe verbunden. Das ist der „Klebstoff", der alles vereint.

Wir verabschieden uns jetzt und segnen dich für den heutigen Tag. Wunderbare große Wesen sind mit dir, denke ab und zu einmal an sie und vergiß auch heute nicht, hin und wieder „Danke" zu sagen!

17. 11. 2001   Hilarions „Form"

(Hilarion, ich rufe dich, möchtest du mir etwas sagen?)

Ja, das möchte ich. Ich stehe immer bereit, wenn du mich rufst. Höre gut auf meine Worte.

Du sitzt oft in der Stille und sehnst dich nach innerem Frieden und Gottesschau, doch du kannst dein Gemüt und deine Gedanken nicht wirklich zur Ruhe bringen. Etwas, was dir dabei helfen kann, ist es, dir einfach zu vergegenwärtigen, daß du jederzeit im Göttlichen Bewußtsein ruhst. Daß du schon da bist, daß du es nicht erstreben oder erreichen mußt. Spüre einfach: Ich bin das. Schnell wirst du wahrnehmen, wie sich größere Ruhe einstellt und langsam deine Gedanken weniger werden. Sage dir: „Frieden ist jetzt und hier". Und schon ist er da!

(Stimmt! Ich habe es ausprobiert.)

Natürlich ist es wichtig, daß du dich wirklich mit deiner ganzen Kraft bemühst, nur bei diesem einen Gedanken zu sein. Aber die „Anstrengung" lohnt sich, glaube mir! Du wirst es sehr schnell nicht mehr als Anstrengung empfinden, denn es wird von Mal zu Mal leichter gehen.

Was immer du tust, tue es mit voller Konzentration, nicht hier mal ein bißchen, dort mal ein bißchen. Nein – alles auf einmal! Alle Kraft, alle Entschlossenheit, alle Aufmerksamkeit jetzt in diesem

Augenblick auf einen Punkt richten! Das wirkt wie ein Brennglas. Du bündelst dadurch alle Energie in einem Punkt, so kannst du alles erreichen. Alles andere ist Energieverschwendung. Und Energie ist dein „Treibstoff", der dich auf deinem Weg vorwärtsbringt.

(Ich frage Hilarion, wie er aussieht.)

Ich bin 2,60 m groß oder 260 000 km, ganz wie du willst. Bewußtsein hat keine Größe, keine Form, kein Gewicht, keine Farbe. Aber ich weiß, was du wissen möchtest.

Sagen wir so: Wenn du mich jetzt sehen könntest, würdest du mich beschreiben als eine stattliche Gestalt von ca. 2 m Größe, mit markanten Gesichtszügen, einer geraden Nase, blauen, gütig blickenden Augen, kräftigen Augenbrauen, einem wohlgeformten Mund mit vollen Lippen. Du würdest braunes, gewelltes langes Haar sehen und ein grünes, schillerndes Gewand mit weiten langen Ärmeln. Einen Bart trage ich nicht. Meine Haut ist zart und rein und von eher heller, aber gesunder Farbe. Du würdest sagen, daß ich lange, kräftige Glieder und wohlgeformte Finger und Zehen habe.

Ich trage lediglich eine Kette als „Schmuck" mit dem Sonnenzeichen als Anhänger. Das ist mein Siegel der Macht, das ich jederzeit benützen kann, um Dinge zu tun, die ihr als „Wunder" bezeichnen würdet. Mein Gewand ist gewirkt aus einem wunderbar weichen schimmerndem „Stoff", nicht in der Art, wie ihr das kennt, sondern aus „Lichtfäden", daher würdest du mich und das Gewand als strahlend wahrnehmen, wenn du mich sehen könntest. Dieser „Stoff" kann nicht schmutzig werden, nicht vergilben, er wird nicht alt oder brüchig, kann nicht zerreißen oder Löcher bekommen. Schuhe und Strümpfe trage ich nicht und mein Haar ist offen.

So würde ich mich dir zeigen, wenn du mich mit deinen Augen sehen könntest. Aber ich könnte mich auch in jeder anderen Form zeigen, die ich wähle.

Die Macht, deine Form zu verändern, hast du auch, jedoch fehlt dir der Glaube, daß das möglich ist. Dabei veränderst du jeden Tage deine Form, ja stündlich und minütlich ändert sich deine Form. Du sagst, das ist so, weil die Zellen altern? Ich sage dir, das ist so, weil dein Bewußtsein an das Altern der Zellen glaubt! Weil du nicht weißt, daß du unsterblich bist. Weil du nicht glaubst, daß du es bist, der seinen Körper formt.

18. 11. 2001 Wähle das wahre Wort

(Wieder innerer Kampf und Zweifel.)

Du hast Angst, dich lächerlich zu machen, und vergißt dabei, daß du Tausende von Menschen bestärken und glücklich machen kannst durch die Worte, die in dir entstehen. Ist es nicht gleichgültig, woher sie kommen? Die Wirkung der Botschaften wird die gleiche sein, ob du sagst, sie sind von mir, Hilarion, oder aus deinem Unterbewußtsein oder woher auch immer. Nicht der Ursprung der Worte ist wichtig, was zählt, ist das, was sie bewirken. Wenn du etwas liest und es berührt dich nicht, wirst du es vergessen und nichts davon haben. Wenn dich aber etwas tief im Innersten berührt, wird das etwas bewirken. Nicht nur, daß du dich noch nach langer Zeit an diese Worte erinnerst, sondern es wird sich dadurch etwas verändern, und zwar in dir und durch dich.

Ihr könnt nicht nur wählen, was ihr sprecht, ihr könnt ja auch wählen, was ihr lest und hört. Entscheidet euch für das Gute und Aufbauende. Setzt dem Dunklen in der Welt das Licht entgegen. Wie wollt ihr strahlen, wenn ihr Berichte von Greueltaten, Horrorgeschichten, Krieg und Terror lest oder hört?

Wenn ihr unsere Botschaften und andere Worte aus der geistigen Welt vernehmt und lest, so wird euer Licht stärker werden, und ihr werdet für andere ein Licht und ein Halt sein. Da ist es unwichtig, ob die Worte von diesem oder jenem Aufgestiegenen Meister, von dir oder sonst jemandem kommen. Letztendlich stammen sie alle aus der Einen Quelle. Sie sind Worte der Wahrheit und der Liebe. Und du sollst sie in Wahrheit, d.h. unverfälscht, und in Liebe, d.h. ohne Gedanken an Profit oder Eigennutz, weitergeben. Wir kümmern uns darum, daß du nichts destotrotz auch davon profitierst. Aber laß das unsere Sorge sein. Du brauchst dich um nichts weiter zu kümmern, als die Worte zu empfangen, aufzuschreiben und weiterzugeben. Das ist alles. Alles weitere nehmen wir dir ab. Überlasse es getrost uns. Auch ob die Botschaften gedruckt werden sollen oder nicht, ist unsere Entscheidung, nicht die deine. Wenn der richtige Zeitpunkt da ist, werden wir dich wissen lassen, ob du sie veröffentlichen sollst. Zunächst gib sie einfach so weiter, wie wir es dir gesagt haben. Hier sind noch zwei Namen...(ich habe die Namen zweier Freundinnen notiert). Ansonsten verteile sie nach deinem Gefühl und deiner Intuition.

(Mein Computer ist defekt, ich kann nichts ausdrucken, und der Fehler ließ sich bisher nicht finden.)

Das macht nichts. Hab Geduld. Der Fehler wird demnächst behoben sein und du wirst die Sachen ausdrucken können. Wir gratulieren zu deinem neuen Drucker. Das ist eine gute Idee, die Botschaften farbig zu drucken. (Diese Idee habe ich später doch wieder fallengelassen.) Du hast recht, manche Worte sind tatsächlich nur für dich alleine, die kannst du in einer anderen Farbe drucken. Aber das meiste, was wir sagen, ist in der Tat für jeden einzelnen bestimmt, der es gerade jetzt hört oder liest.

So höre, *du bist ein Kind des Lichtes!* Wisse das! Erinnere dich daran. Du bist fähig, dein Licht auf andere auszustrahlen und der Erde beim Aufstieg zu helfen.

Zeiten der Stille sind absolut wichtig für dich. Nimm dir regelmäßig Zeit dafür! Verzettele dich nicht in deinen Alltagssorgen. Mach, was getan werden muß, doch sobald es getan ist, ist es auch erledigt. Dann laß es los. Verschwende keine Gedanken mehr daran, sondern wende dich sofort dem Licht zu und bitte um die nächste Aufgabe. Erledige eine nach der anderen in Ruhe und Vertrauen.

Sobald du Gedanken der Sorge, Ängste, Zweifel hast, halte inne und wende dich nach innen und rufe das Licht in dir an. Du wirst sehen, wie das Licht, das reine Liebe ist, alle Sorgen, Ängste und Zweifel auflösen wird. Und glaubst du nicht, daß es ein wunderbares Gefühl sein muß, ohne diese bedrückenden Gedanken und Gefühle zu leben? Du wirst dich frei und leicht fühlen, wenn du auf diese Art und Weise dein Gefühle und Gedanken transformierst.

Du kannst die Angst überwinden

Vernimm meine Stimme! Du kannst etwas aufschreiben.

Wir sprechen heute u.a. über die Angst, die in der Welt regiert. Jeder Mensch kennt die Angst, begegnet ihr von Zeit zu Zeit, wird unbewußt davon getrieben und zu Handlungen verleitet, die ohne Angst nicht getan würden. Entscheidungen werden leider allzu oft aus der Angst heraus getroffen, wo es sinnvoll wäre, aus der Ruhe und inneren Sicherheit heraus zu entscheiden. Die Angst engt eure Entscheidungsfähigkeit ein, euer Blick wird eingeschränkt, euer Bewußtsein ist auf die Angst konzentriert.

Die Angst entsteht, weil es euch an Vertrauen mangelt. Habt ihr Vertrauen und Liebe, verschwindet alle Angst. Angst und Liebe schließen sich aus. Angst und Selbstvertrauen, tiefes Vertrauen in das wahre Selbst, schließen sich aus. Um die Angst zu überwinden, mußt du lieben und Vertrauen in dein Selbst haben. Es ist unnütz, die Angst zu bekämpfen, ohne gleichzeitig die Liebe und das Selbstvertrauen wachsen zu lassen. *Bekämpfe* nicht das Negative, sondern wende einfach deinen Blick davon ab und mit ganzer Kraft und all deiner Energie und deinem ganzen Willen dem Positiven zu, d.h. der Liebe und dem Licht. So kannst du jedwede Angst überwinden!

Erinnere dich, daß *dir* nichts passieren kann, niemals! Nur der Körper, die Seele, deine Gefühle können sich verletzt fühlen, aber *du* kannst nicht verletzt werden. Denn du bist weder dein Körper noch deine Seele, noch deine Gedanken oder Gefühle. Wie solltest du da verletzt werden? Mache also auch Schmerz nicht zu *deinem* Schmerz. Wenn du Schmerzen im Körper empfindest, so ist es der Körper, der schmerzt. Distanziere dich davon, indem du mit deinem Bewußtsein auf eine höhere Ebene steigst und dich erinnerst, daß du nicht der Körper bist.

Du bist Liebe und Frieden. Wenn du das vergißt und dein Körper ist nicht in Harmonie, kommt sofort die Angst, das kennst du. Und die Angst verschlimmert den Schmerz oder das körperliche Problem. Sie „krallt" sich darin fest, und du kannst sie nur überwinden, indem du dich der Wahrheit zuwendest.

Nur ein Erkennen deines wahren Selbst, deiner wirklichen Natur, deines innersten Wesens kann dich von Angst und Furcht befreien.

Wir können sehen, wenn ihr Angst habt oder euch fürchtet. Es wird dunkel um euch und eure Strahlen werden matt und trübe, trist und farblos. Wendet euch nach innen, ruft das Licht an, erinnert euch an euer wahres Sein, und schon fangt ihr an, heller und leuchtender zu strahlen.

Jegliches Problem, egal welcher Art, körperlich, seelisch, finanziell, wirtschaftlich, politisch, kann einzig und allein aufgelöst werden durch das Erkennen der absoluten Wirklichkeit. Solange du in deiner Welt der Illusionen gefangen bist, wirst du eben auch die Illusion von Angst, Schmerz, Problemen weiter nähren und erleben.

Die Hinwendung zum Geist sollte euch ein größeres Bedürfnis sein als das Verlangen nach Schlaf, Nahrung oder Sex.

Laßt die Angst gehen und heißt das Licht willkommen. Liebe befreit!

20. 11. 2001   Schritt für Schritt

(Ich bitte um eine Botschaft für unseren Gesprächskreis.)

Gut, so schreibe.

Ich grüße euch, ihr Kinder des Lichtes. Ich freue mich, daß ihr hier zusammenkommt, um zu eurem wahren Selbst zu finden. Denn das ist das Ziel. Bemüht euch, jeden Tag wenigstens *einen* Schritt auf dieses Ziel hin zu tun. Tausend kleine Schritte ergeben eine weite Strecke. Wichtig ist, daß ihr euch nicht entmutigen laßt, wenn es euch scheint, als ob sich nichts bewegte. Bleibt ruhig und macht eure Übungen. Täglich eine Zeitlang in Stille zu sitzen ist wichtig, doch ebenso wichtig ist es, eure Gedanken und Gefühle zu kontrollieren, d.h. sich ihrer bewußt zu sein und sie zu transformieren.

Ihr lest schöne Texte, die die Wahrheit verkünden, doch was nützen sie euch, wenn ihr nichts davon praktiziert?!

Verbindet euch mit dem Licht in euch und strahlt eure Liebe aus. *Das* solltet ihr tun. Nicht nur einmal in der Woche, sondern *jeden Tag*!

Sobald ihr euch nach innen wendet und das Licht anruft, sind wir da, um euch all unsere Unterstützung zu geben. Wir nehmen Teil an euren Treffen und geben euch Kraft und Inspiration. Wir sind *eine* Familie. Wir sind im Herzen alle miteinander verbunden.

Wir sagen euch tiefen Dank, daß ihr euch hier im Namen des Geistes versammelt, um der Wahrheit und der Liebe willen.

Ihr seid nicht mehr bereit, das Leben dahinplätschern zu lassen, sondern ihr habt euch für dieses Leben vorgenommen, das höchste Ziel zu erreichen. Und wir sagen euch: *Ihr werdet es erreichen!* Nicht mehr weit ist der Weg. Laßt euch nicht beirren, auch wenn scheinbar widrige Umstände es euch schwierig erscheinen lassen. Schenkt den äußeren materiellen Dingen nicht so viel Aufmerksamkeit. Vertraut dem Licht in euch. Es wird euch sicher durch den Dschungel der illusorischen Welt hindurchführen. Verliert diese innere Verbindung nicht, nehmt sie täglich neu auf und erneuert sie auch während eures Alltags immer wieder.

Wir sind jetzt mitten unter euch und spüren eure liebevolle Verbindung. Wir achten euch für das was ihr tut. Erinnert euch immer wieder daran, daß ihr niemals alleine geht, unsere Liebe und unser Schutz sind stets mit euch, um euch, in euch.

Wir sagen unseren Dank und unsere Hochachtung.

Gegrüßt seid ihr, die ihr das Licht hochhaltet. Wir umarmen euch in Liebe und Verbundenheit. (Danke!)

5. Hilfe ist immer da

21. 11. 2001   **Die Fesseln der Sinne**

Ich bin da. Hilarion spricht zu dir. Ich komme nicht allein, es sind viele mit mir, die euch ebenso lieben wie ich.

Ihr wunderbaren Wesen, beherrscht eure Sinne! Sie treiben euch ins Unglück und in die Unzufriedenheit. Eure Gier kennt manchmal keine Grenzen. Die Gier wird durch die Sinne erzeugt. Bezwingt eure Sinne, und das Verlangen verschwindet.

Mehr, mehr, mehr – von so vielem wollt ihr immer noch mehr. Warum? Erinnert euch, daß all das, wovon ihr nicht genug bekommen könnt, vergänglich ist. Nichts davon bleibt euch für lange Zeit oder gar ewig. Alles wandelt sich in jedem Augenblick. All das, was euch eure Sinne vermitteln, ist vergänglich, vergeht von einem Moment zum nächsten. Ihr wollt so gerne festhalten, ihr möchtet, daß alles beim Alten bleibt, aber das ist nicht möglich. Euch bleibt gar nichts anderes übrig als loszulassen. Eure Erfahrung müßte euch schon längst gelehrt haben, daß ihr nichts festhalten könnt.

Laßt los! Bindet euch an nichts! Alle irdischen Güter sind Fesseln, die euch eurer Freiheit berauben. Laßt euch von euren Sinnen nicht täuschen. Sie gaukeln euch eine feste, unveränderliche Welt vor, die es nicht gibt. Siehst du den Tisch, wie scheinbar fest, stabil und unverändert er da steht, Tag für Tag? (Ja) Der Schein trügt! Laß dich nicht vom Anschein der Dinge in die Irre führen!

(Ich habe das Gefühl, heute fließt überhaupt nichts, ich bin ziemlich frustriert deswegen und enttäuscht.)

Wo bist du mit deinen Gedanken? Du willst uns als Kanal dienen, dann solltest du dich wirklich darauf konzentrieren, sonst ist die Verbindung nicht gut und stabil. Wir können dich nur benützen, wenn du deine eigenen Gedanken einstellst und unsere fließen läßt.

Jetzt spürst du, daß es anders ist, nicht wahr? (Ja) Na, siehst du. Verzweifle nicht. Es ist nicht nötig, ängstlich zu werden. Wir versichern dir nochmals, wir lassen den Kontakt nicht abreißen. Wir sorgen dafür, daß unsere „Leitung" bestehen bleibt. Wir haben nicht viele solche Kanäle, mit denen wir gut arbeiten können. Einige gibt es, da funktioniert es sehr gut. Vielen jedoch fällt es schwer, wie dir vorhin, es einfach fließen zu lassen, ohne selbst etwas dabei zu denken. Es sollen keine eigenen Gedanken dazwischengemischt werden, aber wir passen auf. Sorge dich nicht!

Wir wiederholen , was wir dir schon mehrmals gesagt haben, daß wir immer da sind, dich führen und unterstützen, dir helfen und dich lieben. So wie die vielen Menschen, die ebenfalls diese Worte auf die eine oder andere Art vernehmen.

Wir grüßen euch alle aus tiefster Liebe. Ihr seid auf dem Weg zur Wahrheit. Geht voran! Das Ziel ist nahe.

(Jetzt ist es richtig gut geflossen. Das war sehr befriedigend.)

So soll es sein! So möchten wir es, so ist es geplant.

Steh dir nicht selbst im Weg. Du bist dein eigenes Hindernis. Aber du machst es schon sehr gut. Wir sind zufrieden und freuen uns mit dir. Deine Freude ist auch unsere Freude. Wann immer ihr Freude empfindet, freuen wir uns mit euch. Wir sind *eine* Familie. Das haben wir euch bereits vermittelt. So leiden und lieben wir mit euch. Euer Schmerz ist auch unser Schmerz, eure Glückseligkeit ist auch unsere Glückseligkeit. Wir können alles mit euch empfinden, weil wir verbunden sind. Weil man zwei Wesen gar nicht trennen kann. Etwas Getrenntes gibt es nicht. Getrenntsein gibt es nicht. Es gibt nur das Einssein. Das Eine. Das Sein.

(Habe wieder den Faden verloren.)

Kümmere dich nicht darum. Wenn du ihn verlierst, nehmen wir ihn wieder auf.

Das Abenteuer des Lebens ist für alle Menschen, die auf der Erde leben, ein großes Geschenk. Vergeßt das nicht! Erinnert euch immer wieder daran, daß ihr hier seid, um euer Licht leuchten zu lassen, um anderen Führung und Halt zu geben. Eure Aufgabe ist es nicht, euch um „Haus und Hof" zu kümmern, sondern an eurem Aufstieg zu arbeiten. Das sollt ihr tun!

Besinnt euch! Helft, die Schleier der Unwissenheit und Verblendung zu lüften. Dahinter steht strahlend die Wahrheit. Sie ist da, ihr seht sie nur nicht. Öffnet eure wahren Augen! Der Schlüssel ist die Liebe. Die Liebe öffnet alle Tore, alle verschlossenen Türen. Die Liebe ist, was zählt. Ihr seid Liebe!

22. 11. 2001   Übung macht den Meister

(Ist das nicht auch das Ego, das sich wünscht, ein Kanal für die geistige Welt zu sein?)

Nein, das ist es nicht. Es ist ein Herzenswunsch, den du hast, und Herzenswünsche entstehen aus der Liebe heraus. Diese Wünsche und ihre Erfüllung bringen dich weiter auf deinem Weg ins Licht. Schäme dich ihrer nicht, wehre sie nicht ab. Durch die Erfüllung dieser Wünsche kannst du anderen ein Beispiel geben und demonstrieren, daß sie das Ego nicht stärken, sondern daß sie zum wahren Selbst hinführen.

Bleibe dir treu! Das ist wichtig. Versuche, dich nicht nach der Meinung anderer Menschen zu richten, sondern höre nach innen und vernimm deine eigene innere Wahrheit. Dann, wenn du sie vernommen hast, handle! Tue das, was dir dein Herz rät. Zögere nicht! Es ist wichtig, dann die Taten sofort folgen zu lassen und sie nicht „auf die lange Bank" zu schieben. Tue es *sofort*!

Wenn du einen Impuls in dir spürst, traue deinem Inneren und folge dieser Eingebung. Deine Eingebungen der Intuition sind oftmals Inspirationen von unserer Seite. Achte darauf! Das Leben kann für euch viel leichter sein, wenn ihr euch diesen Inspirationen öffnet. Seid innerlich bereit, die leise Stimme des Geistes zu hören, dann wird es euch nicht schwerfallen.

Auch hier ist Übung vonnöten. Übt, übt, übt! Ohne Übung gibt es keinen Meister. Wollt ihr meisterlich sein, müßt ihr üben.

Täglich, stündlich, tagaus, tagein. Ohne diese Disziplin erreicht ihr nichts. Wir unterstützen euch dabei durchzuhalten, euch nicht abbringen zu lassen. Wir wissen sehr wohl, wie schwierig das manchmal für euch ist.

In schweren Stunden, wenn euch alles sinnlos und trostlos erscheint, hilft es euch, eine Kerze anzuzünden und euch innerlich kurz mit euren geistigen Brüdern und Schwestern zu verbinden und uns zu bitten, euch zu helfen. Ruft um Hilfe, Kraft, Klarheit, Führung, Ruhe – was immer ihr braucht. Wir lieben euch, wißt das.

Wenn ihr meint, finanzielle Schwierigkeiten zu haben, so wendet euch an uns, eure Familie. Sollte die Familie nicht zusammenhalten – gerade in schwierigen Zeiten? Und so soll es sein. Wir helfen euch, egal, um was es geht. Denkt nicht mehr an euer finanzielles Problem, nachdem ihr es uns übergeben habt. Laßt den Fluß der Liebe neues Geld heranschwemmen. Jedoch den Zeitpunkt bestimmen wir. Wir kennen die richtige Zeit. Ihr seid auch hier oft zu ungeduldig.

Wenn ihr *sofort* handelt, wird sich auch im Äußeren *sofort* etwas tun. Oder auch nicht. Wir wissen, wann der richtige Zeitpunkt da ist, und genau dann, nicht früher oder später, wird die Veränderung stattfinden. Habt Vertrauen!

Was können wir euch mehr sagen, als daß wir alle in Liebe verbunden sind? Liebe durchdringt alles Erschaffene.

(Die Buddhisten sagen, es gibt keinen Schöpfer, der etwas erschaffen hat. Alles ist ewig, ohne Anfang und Ende.)

So ist es. Doch in diesem Bewußtsein seid ihr noch nicht. Wir sprechen zu euch auf eurer Verständnisebene, so wie es eurem Bewußtsein entspricht, so daß ihr unsere Worte wirklich verstehen und in euer Herz sinken lassen könnt. Auch hier gibt es ständigen Wandel. So wie euer Bewußtsein sich wandelt, so werden unsere Worte an euch sich wandeln.

Ist es nicht wunderbar, daß es Wandel gibt? Stell dir vor, es gäbe keine Veränderung. Dann bliebe alles genau so, wie es jetzt in diesem Augenblick ist. Wie wäre das für dich? ......(Entsetzlich!) Siehst du. Seid froh, daß ihr und alle Dinge im Kosmos sich wandeln. Nur so habt ihr die Möglichkeit, euer wahres Wesen zu erkennen und einzutauchen in euer absolutes Sein. Welch eine Aussicht!

22. 11., abends   Freude des reinen Herzens

(Ich frage, ob ich wirklich mit Hilarion oder mit wem sonst spreche.)

Ich bin es tatsächlich. Ich nenne mich Hilarion. Ich bin ein Botschafter des Lichtes und der Liebe. Meine Botschaft erreicht viele Herzen, die sich dem Licht öffnen.

Versucht zu verstehen, daß ihr wie Blumen seid, die das Sonnenlicht brauchen, um zu wachsen und zu gedeihen und dann in voller Pracht zu erstrahlen. So seid ihr auch. Ihr braucht die geistige Sonne, damit auch ihr in vollem Glanze erstrahlen könnt. Und das ist eure Bestimmung. Ob ihr davon wißt oder nicht. Das spielt keine Rolle. Der Weg ist derselbe. Er führt genau in den einen Punkt des Seins.

Alle Erfahrungen, die ihr in euren vielen Leben und Existenzen macht, dienen dazu, diesen einen Punkt zu erreichen – sich seiner wahren Präsenz bewußt zu werden. Ihr glaubt, auf der Erde zu sein, um euren irdischen Freuden nachgehen zu können oder um zu leiden und Kummer, Sorgen und Pein zu ertragen? Nein!! Nein! Eure Bestimmung ist es wahrlich, im Licht zu leben und in der Liebe zu sein.

Wir sind Botschafter des Lichtes und der Liebe. Und das seid ihr ebenso. Laßt euer Licht scheinen und eure Liebe erstrahlen, auf daß alle Wesen dadurch erhöht werden.

Wir sind so voller Freude, die wir mit euch teilen möchten. Spürt unsere Freude! Jetzt!

(Ich spüre eine „erhabene" Freude.)

Ja, nicht umsonst wird in der irdischen Welt von „niederen" Freuden gesprochen, die euch an die Materie binden. Im Gegensatz dazu hast du soeben die wahre Freude gespürt, die wahrlich erhaben ist, erhaben über die Bindung an materielle, irdische Dinge. Dies ist die Freude, die das reine Herz erfüllt, wenn es auf dem Weg zur Wahrheit ist. Nicht ständig, aber in manchen, eben „erhabenen" Momenten. Diese Augenblicke sind kostbar. Sie lassen dich Einblick nehmen in das wahre Reich des Geistes. Sie lassen dich vorkosten von der Freude und Fülle dessen, was du erreichen kannst.

23. 11. 2001   Hände sprechen

(Ich habe für ein befreundetes Ehepaar ein Handlesewochenende organisiert, das bei mir in der Wohnung stattfindet. Am Abend vor dem Handlesekurs. Ich frage wegen meines rechten Auges, auf dem ich plötzlich fast nichts mehr sehe.)

Ja, ich verstehe deine Sorge, doch gräme dich nicht, es kommt bald wieder in Ordnung, es ist nichts Ernstes. Du brauchst dir keine Sorgen zu machen. Du wirst dein Augenlicht nicht verlieren. Vertraue uns und mache deine Arbeit wie gewohnt. Du wirst auch weiterhin für uns schreiben können. Aber schone dich ein wenig, du solltest dich nicht überanstrengen.

(Tatsächlich waren die letzten Tage mit den Vorbereitungen für das Seminar sehr anstrengend gewesen.)

Sorge dafür, daß du dich in den nächsten Tagen ausruhen kannst, dann wird dein Auge wieder in Ordnung sein. Du kannst es unterstützen, indem du kalte Kompressen auflegst.

(Was ist mit dem Auge, woher kommt das?)

Das ist eine Irritation, es wird wieder vergehen. Aber Ruhe ist wichtig. Ruhe für die Augen.

(Wollt ihr etwas zum Handleseseminar sagen?)

Ja, das wollen wir.

Ihr seid zusammengekommen, um euch an Hand (!!) eurer Hände zu erforschen und besser kennenzulernen. Ihr seid hierhergekommen mit bestimmten Vorstellungen, Erwartungen und Fragen, die ihr beantwortet haben möchtet. Etwas tief in eurem Inneren treibt euch zur Selbsterkenntnis, selbst wenn ihr glaubt, ihr wäret nur aus Neugier hier oder um anderen besser helfen zu können. Der tiefere Grund ist euer Wunsch, euch selbst zu erkennen, euer wahres Wesen zu erfahren.

Sich die Hände wirklich anzuschauen und das, was wahr ist, darin zu erblicken, kann euch fürwahr dabei helfen, eure Wirklichkeit zu erkennen. Schaut genau hin! Nicht nur mit den Augen und dem Verstand, sondern auch mit eurem geistigen Auge und mit eurem Herzen. Betrachtet alles mit den Augen der Liebe, und die Wahrheit wird euch ins Auge springen.

Die Hände sind solch wunderbare Werkzeuge, seid euch ihrer Schönheit bewußt und welch wundervolle Dienste sie euch täglich leisten. Sie sind eure wichtigsten „Werkzeuge" bei allen täglichen Verrichtungen. Habt ihr euch einmal überlegt, wie ihr leben würdet, wenn ihr keine Hände hättet? Wenn ihr nichts mehr berühren könntet, keinem Menschen mehr die Hand reichen könntet?

(Was ist mit den Linien und Bergen usw. in der Hand?)

All dies sind „Zeichen". Sie zeigen dir, wenn du sie lesen kannst, wer du bist und wo du stehst. Und zwar genau *jetzt*. Was gewesen ist, zählt nicht mehr, was sein wird, wirst du wissen, wenn es *ist*. Was du *jetzt* in deinen „Lebenszeichen" der Hand siehst, ist das, was zählt.

Schau in deine Hand und du kannst dich erkennen, schau in deine Augen und du kannst dich erkennen, schau in dein Herz und du kannst erkennen, wer du in Wahrheit bist. In allem bist du, ganz gleich wohin du deinen Blick wendest. So ist es gleich, ob du in deine Hand, deine Augen oder dein Herz, in deines Mitmenschen Hand, Auge oder Herz schaust, immer bist du es, den du sehen wirst. Alles andere ist Täuschung, auf die du immer wieder hereinfällst.

Die Hand kann dir zeigen, wie du dein Leben besser bewältigen kannst.

Hört gut zu, ihr könnt vieles lernen und mitnehmen! Doch nützt es euch nichts, wenn ihr nicht anschließend darüber nachdenkt und euch wirklich damit auseinandersetzt.

D.h. wenn ihr euch nicht mit euch selbst auseinandersetzt. Denn es geht um dich allein.

Wir halten segnend die Hand (!) über euer Treffen und nehmen regen Anteil. Wir sind mit euch und unterstützen euch dabei, die Augen für die Wahrheit zu öffnen. So werdet ihr sie in euren Händen, Augen oder Herzen erkennen. Wo auch immer, es ist gleich, die Wahrheit verändert sich nicht. Sie läßt sich davon nicht berühren.

Vergeßt die Freude nicht! Wir wünschen euch eine schöne Zeit miteinander, und denkt daran, daß wir bei euch sind. Wir schenken euch unsere Liebe und unseren Dank für eure Hingabe.

(Diese Botschaft traue ich mich nicht vorzulesen. Ich lese sie nur dann vor, wenn ich direkt darauf angesprochen werde.)

Warte ab, was passiert.

(Danke!)

Wir danken dir auch und wünschen eine gute Nacht.

25. 11. 2001   Gib Verantwortung ab

(Es ist nachts 3 Uhr und ich konnte bis jetzt nicht einschlafen. Ich bin am Vorabend ziemlich „geschafft" und mit Kopfschmerzen ins Bett gegangen. Nun weiß ich nicht, wie ich den Tag überstehen soll, und frage Hilarion.)

Schau, hier bin ich. Was machst du dir Sorgen? Laß es einfach so sein, wie es sein wird. Du kannst nichts ändern. Aber deine Kraft wird ausreichen, um den Tag zu „überstehen". Es ist anstrengend, weil du die Verantwortung trägst. Gib ein bißchen davon ab. Wir können sehr gut tragen! Leg dich hin, wenn du müde bist, iß etwas, wenn du hungrig bist, nimm dich heraus, wenn es dir zuviel wird. Du verpaßt nichts. Mach, was dein Herz dir sagt.

Höre, hier bin ich. Du solltest dir nicht so viele Gedanken machen. Spüre in dich hinein und nimm die Ruhe wahr, die tief im Inneren ist. Frieden ist hier und jetzt. Tauche darin ein, wie du ins warme Badewasser eintauchst. Friede *ist* da!

Ich sage dir, es ist eine wunderbare Gruppe, vieles löst sich auf, ganz Neues kommt in Gang. Und so wie ein Stein, der ins Wasser geworfen wird, seine Wellen ausbreitet, wird von euch Neues voller Licht und Liebe ausgehen, und viele werden in die Bewegung eingeschlossen werden, die jetzt nicht hier anwesend sind. Ihr seid die Initiatoren, die durch den Antritt kleiner Steinchen Lawinen ins Rollen bringen können. Seid euch bewußt, was dies bedeutet. Welche Verantwortung ihr habt. Nichts, was ihr tut, ist ohne Auswirkung auf das Ganze. Alles freut sich mit, alles leidet mit, wenn eine Seele lacht oder weint.

(Nachtrag: Ich habe Hilarions obigen Rat befolgt und damit den Tag wunderbar überstanden. Ich war fit, tagsüber kaum müde, und es ging mir sehr gut.)

27. 11. 2001   Das Instrument Sprache

Hallo, hier bin ich. Was möchtest du wissen? Ich beantworte alle deine Fragen.

(Ich frage wegen meines Auges, weil es noch kein bißchen besser geworden ist.)

Sei ruhig! (Mit Nachdruck:) Du brauchst dir keine Sorgen zu machen, es kommt in Ordnung. Habe Vertrauen. Wir sind auch gute Heiler, wenn du uns läßt und uns bittest. Das ist für uns kein Problem. Du wirst sehen! (Ich bemerke die doppelte Bedeutung.)

Schau, wie fein eure Sprache ist. Achte auf jedes Wort, das du gebrauchst. Jedes Wort ist wichtig und von Bedeutung. Es kann treffen wie ein Speer oder Balsam sein für eine verletzte Seele, die des Trostes bedarf. So tust du gut daran, deine Worte gut zu wählen und nicht einfach irgend etwas zu sagen.

Sprache ist ein Transportmittel, um Gefühle und Gedanken zu transportieren von einem Kopf oder einem Herz zum anderen. Ihr braucht oft zu viele Worte, der „Lastwagen" ist dann überladen und hat es schwer, ans Ziel zu kommen. Außerdem ist es dann schwierig für den Empfänger, zu überprüfen, ob es die „richtige" Ladung ist, ob sie tatsächlich für ihn bestimmt ist. Wenn sie es nicht ist, kann er sie auch zurückweisen. Wenn auf dem „Lastwagen" nur wenig Ladung liegt, sieht der Empfänger sofort, schnell und klar: „Aha, das ist für mich (oder auch nicht)."

Sprecht weniger. Konzentriert euch auf das Wesentliche. Und das bedarf meistens nicht vieler Worte. Du siehst, auch wir vermitteln euch unsere Botschaften in kurzen, einfachen Sätzen. Sie sind nicht überladen mit „Firlefanz" und Überflüssigem wie eure „Transporter". Deshalb könnt ihr uns auch gut verstehen und wißt sofort: „Aha, das ist für mich." Ist es nicht so?

Sprechen *ist* wichtig. Schluckt nicht alles in euch hinein. Gebt euren Gedanken und Gefühlen Ausdruck, aber hütet euch vor dem Zuviel. Auch hier ist das richtige Maß entscheidend. Weder ein Zuwenig noch ein Zuviel ist gut für euch. Spürt in euch hinein, und ihr erkennt das richtige Maß.

Worte, Worte, Worte, wie wunderbar, daß ihr dieses Instrument der Sprache habt! Benutzt sie weise und mit Liebe. Ihr könnt sie als Waffe oder als Heilmittel gebrauchen, das liegt bei euch. Ihr habt die Wahl, ob ihr damit verletzen oder aufbauend wirken wollt. Wir raten euch, laßt euer Herz sprechen (!), und es wird sich segensreich auswirken auf euch selbst und alle eure Mitmenschen.

Wenn eure Worte aus einem reinen Herzen kommen, d.h. wenn eure Motive rein sind und die Worte selbst vielleicht hart, so erfüllen wir sie mit der Schwingung der Liebe, und sie werden den Empfänger eurer „Ladung" emporheben und nicht niederdrücken. Ihr seid mit allem und allen verbunden. So werdet ihr selbst euch ebenso emporgehoben fühlen, wenn eure „leichte" = lichte Ladung empfangen wurde.

Diese Ladung auf eurem „Transporter" ist eure eigene Energie, vergeßt das nicht. Überladet ihr den „Lastwagen", heißt das, ihr gebt zuviel von eurer eigenen Energie weg. Viele Worte ermüden, ihr seid dann ausgelaugt und möchtet gar nichts mehr hören. Zumal, wenn sie nicht mit der Schwingung der Liebe gefüllt sind. Ein einziges Wort des Hasses nimmt euch soviel Energie wie 1000

Worte der Liebe. Denkt daran, wenn ihr das nächste Mal zusammenkommt, um zu „tratschen". Vielleicht fangt ihr dann gar nicht erst damit an.

Ich gebe euch meine mit Liebe erfüllten Worte, so daß jeder, der sie empfängt, egal, auf welche Weise, sofort erkennt: „Aha, das ist für mich, diese Ladung ist beim richtigen Empfänger angekommen."

Wäret ihr nicht empfänglich(!) für diese Botschaften, so würdet ihr sie als „Irrläufer" zurückweisen, oder sie würden gar nicht erst den Weg zu euch finden.

Ihr seid bereit, die Worte der Wahrheit zu empfangen und in eurem Herzen aufzunehmen und wirken zu lassen, auf daß sie ein Segen sein mögen für euch selbst und alles, was da ist.

Wir sind bei euch mit all unserer Liebe und unserem Licht. Habt Dank für eure Empfangsbereitschaft. Es ist schön, mit euch zu kommunizieren. Wir sind stets dazu bereit. Seid gegrüßt in Liebe und Freude.

6. Die Schwingung der Liebe

28. 11. 2001   Dem inneren Gefühl folgen

(Hilarion, möchtest du mir etwas sagen?)

Ja, ich möchte zu dir sprechen. Bitte, nimm deinen Stift und schreibe.

Was immer wir euch mitteilen, soll in eure Herzen sinken. Es ist nicht für euren Verstand gedacht. Unsere Worte sind mit Liebe erfüllt, und sie werden jedes Herz erreichen, das für die Liebe offen ist. Eure Sehnsucht nach Wahrheit, nach Einsicht, nach Erkenntnis macht es euch heute möglich, diese Worte von uns, den Aufgestiegenen Meistern, zu empfangen. Wir sind voller Freude, daß dies jetzt möglich ist.

Wir nehmen ständig Anteil an eurem Leben, nichts, was ihr erlebt, ist uns fremd. Wir betrachten euch stets mit größtem Wohlwollen, niemals würden wir euch verurteilen für Dinge, die ihr aus Unwissenheit tut.

Ich spreche, Hilarion. Ich bin ein großer Meister des Lichtes und der Liebe, die die größte, ja die einzige Wirkkraft im Universum darstellt. Nichts kommt ihr gleich. Ich bin durchdrungen von Liebe, quasi bestehe ich aus Liebesenergie. Sie fließt von mir direkt in euer Herz. Sie ist so gewaltig, so stark und allumfassend, daß es für euch nicht vorstellbar ist. Aber einen Teil davon zu spüren, ist euch dennoch möglich.

Gebt euch dieser Liebe hin. Öffnet ihr Tür und Tor. Was sind eure Türen und Tore? Es sind die Augen, Ohren, Mund und Herz, durch die die Liebe ein- und ausströmen kann. Mit den Augen könnt ihr die Farben der Liebe erschauen, die Ohren erlauschen die Töne der Liebe, der Mund spricht die Worte der Liebe, und das Herz verströmt sich selbst als Liebe. Diese reine Liebesschwingung läßt alles vibrieren und in strahlendem Glanz erleuchten. Sie taucht die Welt in die wunderbarsten, klarsten und leuchtendsten Farben. Sie macht alles schön und rein. Ich weiß das, und ich bitte euch, mir zu vertrauen, wenn ich euch das Versprechen gebe, daß auch ihr diese Schwingung der Liebe und ihr Strahlen bald werdet erfühlen und erschauen können.

Ich spreche zu euch, weil es so wichtig für euch ist, in diese Liebesenergie zu kommen. Durch die Kraft und Schwingung meiner Worte, die von dieser großen Liebe durchdrungen sind, fällt es euch leichter, euch in höhere Ebenen hinaufzuschwingen. Meine Worte helfen auch, euch daran zu erinnern, daß ihr selbst ebenfalls diese Liebe seid! Wir sind wahrlich ein- und dasselbe!

Ich bin Hilarion, du sagst, du bist ein Mensch mit einem Namen. Doch die Essenz von dir, das, was du weder siehst noch benennen kannst, ist genau das, was ich bin. Erinnert euch daran, wer ihr wirklich seid. Ihr wißt es sehr gut.

(Frage, warum es am Wochenende nicht geklappt hat mit dem Vorlesen der Botschaft für die Gruppe. Wolltest du es nicht? War der Text doch von mir selbst?)

Wieder deine Zweifel. Nein, der Text war nicht von dir. Die Worte kamen von uns und waren für euch bestimmt. Wir wollten dir zeigen, was passiert, wenn du zuviel mit deinem Kopf überlegst: „Soll ich – soll ich nicht? Darf ich – darf ich nicht? Was ist, wenn .....?" usw. Besser ist, wenn du selbst nicht überlegst, sondern einfach uns handeln läßt. Höre auch hier einfach auf dein Gefühl! Dein Gefühl hatte dir bereits direkt nach dem Schreiben gesagt, „lies die Worte vor", doch dein Verstand hat dich daran gehindert.

Nun ist diese Gelegenheit vorbei. Dieser Moment wiederholt sich kein zweites Mal. Aber mache dir keine Vorwürfe deswegen. Es werden viele Menschen unsere Worte lesen oder hören, und es wird für sie eine Hilfe sein, auch wenn es nicht diese Gruppe ist, an die die Botschaft ursprünglich gerichtet war.

Du siehst, wir zwingen dich nicht. Wir gehen stets liebevoll mit dir um. Wenn du dich bewußt oder unbewußt gegen etwas wehrst, so werden wir keinen Zwang anwenden, um dich zu etwas zu bewegen. (Schelmisch:) Wir können dir schon einen Schubs geben, wir tun das aber nur dann, wenn wir von deinem Inneren die Zustimmung dazu haben. Also brauchst du dir keine Sorgen zu machen, dich nicht zu grämen, kein schlechtes Gewissen zu haben. Höre auf mit all dem!

Ihr seid geboren, um ins Licht zu gehen. Also geht! Wir sind an eurer Seite und begleiten euch. Spürst du nicht, daß wir da sind? Viele große Wesen sind da, jetzt, in diesem Augenblick, da du diese Worte in dich aufnimmst. Halte einen Moment inne und spüre unsere Gegenwart!

(Ich denke, daß meine Zweifel, die immer wiederkommen, eigentlich gut sind, weil sie mich vor Stolz oder Hochmut und Eingebildetsein bewahren.)

Deine Bescheidenheit ehrt dich. Bleibe bescheiden. Und doch darfst du gleichzeitig stolz auf das sein, was du tust. Nicht viele wären bereit, ihre ganze freie Zeit dieser Aufgabe zu „opfern". Ich weiß, du empfindest es nicht als „Opfer". Ich freue mich, daß du ebensoviel Freude daran hast wie wir. Ja, es erfüllt uns *alle* mit Freude, Licht und Liebe. Uns, die wir euch die Worte geben, dich als unser „Schreibarbeiter" und euch, die ihr die Worte empfangt. Alle sind wir durch dieses eine Gefühl der Freude aufs Innigste verbunden. Und zwar *jetzt* in diesem Moment.

Wir danken euch allen zutiefst für eure Bereitschaft, euer Herz zu öffnen und unsere Strahlen in euch einfließen zu lassen. Ihr werdet gewiß daran wachsen und großen Segen davon haben.

Unsere Liebe kennt keine Grenzen. Es ist alles darin enthalten.

29. 11. 2001   Licht ist unsere Heimat

(Habe mich gerade zur Meditation hingesetzt.)

Du kannst gleich beginnen zu schreiben. Wir nehmen voll Freude wahr, daß du den Kontakt zu uns so beständig aufrechterhältst. Das ist gut so und auch wichtig. Um so leichter kann es fließen zwischen uns. Denn der Fluß geht nicht nur in *eine* Richtung. Es fließt von uns zu dir, und ebenso fließt etwas von dir zu uns.

Nichts hat nur *eine* Seite oder *einen* Aspekt. Alles Sein ist sehr vielschichtig, hat viele Facetten, viele Farben. Jedoch die Essenz, das wahre Innerste, das ist nur Eines, eine absolute Einheit. Das Eine ohne ein Zweites. Hier gibt es keine Unterschiede, keine Nuancen oder Schattierungen. Hier ist das Sosein.

Wir spüren in dir die wirkliche Bereitschaft, darin einzutauchen, deine Hingabe und deinen Willen. All das ist notwendig, um deinen Weg zu gehen, doch sage ich dir: Es ist überhaupt nichts notwendig, um in das Sosein einzutauchen. Denn du *bist* schon darin! Realisiere das.

Spürst du unsere Gegenwart?

(Ich bin mir nicht sicher, vielleicht bilde ich mir nur etwas ein?)

Nein, du darfst sicher sein. Achte auf die kleinsten Unterschiede in deiner Wahrnehmung. Spüre genau hin! Du nimmst sehr wohl Unterschiede wahr, tust sie dann aber sehr leicht mit einem Kopfschütteln ab und denkst „ach, das war nichts". Doch, es war etwas! Wir waren das! Achte darauf! Wir freuen uns sehr, wahrgenommen zu werden.

Meine Liebe fließt eben jetzt gerade durch dein Herz, spüre hin!

(Ja, ich war eben leicht gerührt.)

Gerührt sein ist berührt sein.

(Ich werde durch ein Telefonat gestört und entschuldige mich bei Hilarion für die Unterbrechung.)

Das ist in Ordnung. Du sollst deine alltäglichen Pflichten erfüllen.

Was denkst du, berührt dich? Es ist die Liebesschwingung, die dein Herz berührt, anrührt, bewegt. D.h. es wird in dieselbe Schwingung versetzt, und diese Schwingung geht dann von deinem Herzen aus und setzt sich fort wie die Wellen, wenn du mit dem Finger das Wasser berührst.

(Ich gehe in die Küche, fülle Wasser in eine Schüssel und berühre es zart mit meinem Finger. Nichts bewegt sich!) Du siehst die Bewegung nicht, weil sie so fein ist, aber natürlich bleibt das Wasser nicht unberührt. Ist die Berührung stärker, wirfst du z.B. einen Stein ins Wasser, ist auch die Bewegung stärker und wird sichtbar.

So setzen wir vieles in Bewegung. Wir berühren euch mit unserer Liebe und daraus entsteht eine Bewegung, die sich immer weiter fortsetzt.

So nehmt auch ihr Einfluß auf die ganze Welt, selbst wenn ihr nichts davon spürt, nichts davon wißt. Die großen Umwandlungen geschehen in dem für eure Augen unsichtbaren Bereich, auf Ebenen, die ihr mit eurem irdischen Denken nicht erfassen könnt.

(Die Sonne kommt hinter den Wolken hervor und strahlt zum Fenster herein, mir genau ins Gesicht.)

Ja, hier ist unsere „Heimat", im Licht. Das ist unser Strahlen, mit dem wir eure Herzen erhellen, damit ihr die Wahrheit erkennen möget. Dieses Licht hat die Kraft, alles Dunkle aufzulösen, euch wunderbaren inneren Frieden zu schenken und euch wahrhaft glücklich sein zu lassen.

Seid mit uns, und ihr seid im Licht. Haltet unsere Hand und laßt euch führen und bestärken. (Die Sonne erstrahlt stärker.)

Schau, wie wir strahlen! Freue dich! Sei glücklich! Liebe dein Leben!

(Ich danke euch, meine wunderbaren geistigen Brüder!)

Ich danke dir, meine wunderbare geistige Schwester. Es ist für mich schön, hier bei dir zu sein. Du hast ein reines Herz, wie wohltuend für mich, darin zu wohnen.

Hier spricht Hilarion, du spürst meine Kraft und Größe, nicht wahr? (Ja! Diesmal spüre ich es!)

Wir sind ein Herz und eine Seele.

(Die Sonne strahlt kurz voll auf und verschwindet wieder hinter einer Wolke.)

Gelobe, deinem Herzen treu zu bleiben, so wird alles gelingen.

Gegrüßt seid ihr Kinder des Lichtes! (Sonne kommt hervor!)

Du kannst jetzt gehen. (Ich will etwas einkaufen gehen.)

(Danke, danke, danke!)

Ja, wir spüren deine Dankbarkeit im Herzen. Sie ist wie Nektar für uns.

Eine Menge Wünsche

Hier bin ich. Ich bin in deinem Herzen, und ich umhülle dich mit meiner Gegenwart. Spürst du es? (Ja)

Sage mir, was du möchtest, welche Wünsche du hast, ich werde sehen, was sich tun läßt.

(Ich zähle eine Menge Wünsche, materielle und nichtmaterielle, auf. So viele Wünsche! Oh, mein Gott!)

Ja, da hast du recht. Das sind fürwahr eine Menge Wünsche, die du hast und durch die du dich am Glücklichsein oder Zufriedensein hinderst. Sie sollen Erfüllung finden, auf daß auch du Erfüllung finden wirst.

Deine Wünsche sind nicht derart, daß wir sie nicht erfüllen könnten. Laß uns dir helfen und schauen, was wir bewirken können. Dies ist keine Frage *unserer* Fähigkeiten oder Möglichkeiten, sondern eine Frage, wieviel du für dich zulassen kannst. Es ist eine Frage dessen, was du für dich als realisierbar hältst.

Was glaubst du, ist es möglich, innerhalb kürzester Zeit deine Wohnung zu renovieren, sagen wir, ab jetzt innerhalb von 3 Monaten?

(Nun, ich wüßte nicht, wie ich das bewerkstelligen sollte, vom Geld und von der Arbeit her. Es erscheint mir ziemlich unmöglich.)

Siehst du! Es erscheint dir unmöglich. Du glaubst, das ließe sich nicht machen. Wie soll es sich dann realisieren? Aber wir trösten dich. Wir werden unsere unsichtbaren Fäden spielen lassen und schauen, daß du das bekommst, was du dir wünschst. Du sollst dich nicht mit diesen Dingen und Wünschen herumplagen müssen und deine Energie dafür verschwenden.

Wir möchten, daß du deine Energie für deine Tochter, deine Klienten und für die Arbeit mit uns einsetzt, das ist genug. Für alles Sonstige laß uns Sorge tragen. Stärke dein Vertrauen, daß wir dazu wirklich in der Lage sind.

(Gut, dann beweist es mir! Bitte! Wie wär's mit einem neu renovierten Flur oder einer neuen Küche? Das sind die dringendsten Sachen, die nötig sind.)

Wir werden sehen, was sich machen läßt. Freue dich! Deine Küche wird bald in neuem Glanz erstrahlen. Wir versprechen es dir.

(Au weia, wenn das jetzt nichts wird, dann verliere ich meinen ganzen Glauben in meine Verbindung zur geistigen Welt!)

Laß dich nicht von deinem Glauben abbringen. Wir sind mächtige Wesen und können viel bewirken. Warte ab! Achte auf Zeichen und auf Hilfen, die dir angeboten werden. Wir benützen auch Helfer, die dir helfen. Kümmere dich nicht darum, *wer* dir hilft, sondern nimm wahr, *daß* dir das gegeben wird, was du gewünscht hast, und danke dafür. Sieh darin unsere Verbundenheit und unsere Liebe.

Glaube *niemals*, daß du irgend etwas alleine schaffen müßtest. Du bist niemals allein. Nirgendwo und zu keinem Zeitpunkt. Ich bin bei dir allezeit und überall. Auch auf dem Klo! (sic. Anspielung auf ein Gespräch zu dritt nach dem letzten Meditationsabend, als eine Teilnehmerin sich fragte, ob Hilarion sie wohl auch „auf dem Klo" sehen könne.)

Warum solltet ihr euch da schämen? Glaubt ihr, wir könnten nicht auch durch eure Kleidung hindurchsehen, gerade jetzt? Wir sehen euch immer „nackt". Wir sehen eure Körper, und wir sehen eure Seele, wir sehen euren Geist, eure innerste Wahrheit und das Strahlen eures Seins. Eure Kleidung bietet keinen „Schutz" vor unseren Blicken. Und ihr habt es nicht nötig, euch zu schämen oder euch zu verstecken. Genau so, wie ihr seid, seid ihr absolut „richtig", da gibt es nichts an euch, was „falsch" oder unvollkommen wäre. Wir sehen das, ihr leider nicht. Darum sagen wir es euch.

Ihr seid hier und jetzt fürwahr vollkommene Wesen. Und je mehr ihr selbst diese Vollkommenheit lebt, umso mehr werdet ihr für andere Wesen ein Licht sein. Sie werden sich von euch angezogen fühlen wie die Motten vom Licht. Es ist wichtig, daß ihr euer Licht und eure Liebe ausstrahlt auf eure Umgebung, auf die Menschen, die mit euch sind.

(Wie?) Bleibt ruhig, habt Vertrauen, laßt euch nicht vom Verstand beherrschen. Geht hinaus in die Natur und bedankt euch für diese wunderbare Schöpfung. Nehmt die Schönheit wahr, die in allem verborgen ist. Sie wird für euch immer offensichtlicher werden, wenn ihr euer Herz der Liebe öffnet.

Die Liebe malt ein Bild der Welt mit dem Pinsel der Güte und den Farben der Schönheit. Sie fixiert es mit dem Glanz der Reinheit und stellt es in den Rahmen der Weisheit. Und in diesem Bild ist alles enthalten. Auch ihr seid darin enthalten. Und wir. Und Gott auch.

Segen, Segen, Segen! Wir gießen unseren Segen über dich aus.

(Wie kann ich dich spüren, Hilarion?)

Du spürst mich in deinem Herzen. Meine Worte sind Worte der Liebe und kommen aus dem Herzen. Und im Herzen nimmst du sie wahr. Andere spüren geistige Helfer vielleicht als ein Kribbeln, als Druck oder als Lufthauch oder irgendwie sonst, du spürst mich als liebevolle „sprechende" Gegenwart in deinem Herzen, was könnte inniger sein?

(Nichts! Ich bin auch ganz gerührt deswegen!)

Ja, ich spüre das genauso wie du, denn wir sind im Herzen verbunden.

Groß bin ich und wahrhaft groß wirst du sein.

(Wie meinst du das? Ich bin so klein, daß ich mich nicht einmal traue, deine Botschaft vor 7 Menschen beim Handlesekurs vorzulesen!)

Ich meine die Größe des Inneren, nicht die Kleinheit der äußeren Persönlichkeit. Die innere Größe ist das, was den Menschen über das Menschsein emporhebt.

30. 11. 2001   Wer du bist

(Ich schreibe nicht eher etwas, bis ich den Impuls dazu habe, bis es mich „in den Fingern juckt"!).......(Ich zögere).....

Auf was wartest du? Wir können beginnen!

Ich wünsche dir einen wunderbaren guten Morgen. Ich habe die Nacht über bei dir gewacht, und auch während deines Schlafes haben wir miteinander kommuniziert. Eines Tages wirst du das bewußt tun bzw. dich morgens daran erinnern können.

Was hast du dir für den heutigen Tag vorgenommen?

(Ich zähle alles auf.)

Ja, das ist gut. Vergiß aber bei all dem nicht, unsere Verbindung aufrechtzuerhalten. Dein Kontakt zu mir ist das Wichtigste, was du dir vornehmen solltest.

(Das brauche ich mir nicht vorzunehmen, das ist für mich selbstverständlich. Da freue ich mich auch am meisten drauf.)

Wie schön, deine Freude und Begeisterung für unsre gemeinsame Arbeit zu spüren. Schreite unbeirrt voran!

Große Veränderungen gehen auf der Erde vor sich. Du hast deinen Anteil daran. Viele Meister verbinden sich täglich, um diese globalen Veränderungen, diesen Wandel im Bewußtsein der Menschheit mitzutragen und dabei zu helfen. Vieles ist euch verborgen. Deshalb nochmals die Mahnung: Laßt euch nicht von äußeren Dingen täuschen, glaubt nicht allem, was ihr seht oder hört! Nur euer Herz, wenn es von Liebe erfüllt ist, kann die Wahrheit erkennen. Laßt euer Herz sehen und hören.

Haltet immer wieder inne, seid für einen Moment still und nehmt einfach diesen Augenblick bewußt wahr! Jetzt gerade zum Beispiel. Lauscht! Seid still für einen Moment!..........

Die Zeit eures Lebens auf der Erde vergeht so schnell, nutzt sie, so gut es euch möglich ist. Auch für eure geistige Entwicklung. Habt acht auf eure Gedanken und Gefühle. Seid jetzt achtsam. Jeder einzelne Augenblick ist schon vorbei und wird niemals wiederkommen. Eine verpaßte Gelegenheit ist unwiderruflich vorbei. Deshalb seid wachsam und packt jede Gelegenheit beim Schopfe, um zu wachsen, euch zu läutern und mehr Licht aufzunehmen und auszustrahlen.

Die Liebe ist wahrhaft mächtig! Öffnet euch der Liebe, und ihr habt alle Kraft, alle Macht, jeden Gedanken, jeden Wunsch Wirklichkeit werden zu lassen.

Ich habe euch bereits gesagt: Ihr seid große kosmische Wesen, ihr seid mächtig und weise. Aber eure Erinnerung daran habt ihr verloren. Wir helfen euch, dieses Wissen um euch selbst wieder ins Gedächtnis zu rufen. Bis ihr plötzlich sagt: „Ach ja, natürlich! Wie konnte ich das nur vergessen?!"

Euer eigenes Bemühen ist ausschlaggebend. Bemüht euch, euch zu erinnern! Wie könnt ihr glauben, dieser armselige Körper zu sein, anfällig für jeden kalten Luftzug, jeden Windhauch, für die winzigsten Krankheitserreger, für Anstrengungen und Streß? Das sollt ihr sein?! Niemals! (Mit großem Nachdruck:) *Das bist du nicht!*

Erlaube mir, dich zu führen und zu leiten, damit du erkennst, wer du wirklich bist. Dafür bin ich da. Alles geschieht auf dieses eine Ziel hin.

(Ich bin unschlüssig, ob ich aufhören und einkaufen gehen oder weiterschreiben soll.)

Du möchtest aufhören? Dann höre auf! Du möchtest weitermachen? Dann mache weiter! Du möchtest einkaufen gehen? Dann gehe! Was du möchtest, tue! Letztendlich ist es gleich, was du tust. Am Ende führt alles zum gleichen Punkt. Zum Einssein, zum Sosein. Du bist auf dem Weg dahin und jedes andere Wesen ebenso. So stellt es sich für euer Bewußtsein dar. Ich aber sage dir, daß du bereits in der Einheit bist. Das gilt es zu erkennen.

Ich gebe dir meine Hand, nicht nur für den heutigen Tag, halte sie fest und spüre meine Hilfe bei all deinem Tun und all deinem Nichttun.

Bedanke dich für all das Wunderbare, das du erhältst.

(Ich danke, danke, danke!)

Ich danke dir auch!

3. 12. 2001   *Ein* Gedanke genügt

(Hilarion, ich rufe dich. Wo bist du?)

Schau, hier bin ich, genau hier im Herzen deines Herzens. Du brauchst mich nicht irgendwo zu suchen. Ich bin allezeit hier.

Was ist? Warum schreibst du nicht? Bitte schreibe meine Worte auf. Sie sind auch für andere Menschen gedacht, nicht nur für dich alleine.

(Erst an dieser Stelle nahm ich den Stift und fing an zu schreiben, bis eben genau hier. Ich habe das Gefühl, es fließt heute nicht so leicht.)

Das liegt an deiner Erwartungshaltung. Du erwartest etwas Bestimmtes, und das macht die Sache etwas schwieriger. Müheloser wäre es, du könntest es einfach fließen lassen und dich dem Strom anvertrauen. Siehst du, jetzt geht es. Schreibe einfach, ohne dabei zu überlegen. Den ganzen Sinn erfassen und dir darüber Gedanken machen, kannst du später noch. Jetzt ist die Zeit, einfach nur das aufzuschreiben, was du in deinem Inneren vernimmst.

Wir möchten euch heute daran erinnern, daß ihr euch täglich mit eurem Herzen und dort mit dem Licht verbinden sollt. Daraus erwächst euch das größte Glück und tiefe Zufriedenheit. Ihr sucht diese oft in äußeren Zerstreuungen, in Beziehungen, im Erwerb von materiellen Dingen. Dort findet ihr es nicht, und dann seid ihr unzufrieden, gebt euch oder anderen die Schuld, seid ärgerlich und schlecht gelaunt und für euch selbst sowie für die Menschen um euch wahrlich keine Freude.

Laßt das Licht in euch aufscheinen. Zündet es an, indem ihr euch in der Stille an uns wendet und euch mit uns verbindet. *Ein* Gedanke genügt und schon stehen wir „bei Fuß" (humorvoll). Warum überwindet ihr nicht eure Trägheit und nehmt diese Möglichkeit Tag für Tag wahr? Es ist so einfach. Aber ihr hättet es gerne ein wenig schwieriger, nicht wahr? Ist es euch sonst zu langweilig? Ich versichere euch, es wird nicht langweilig sein. Im Gegenteil, das Leben wird um so vieles interessanter und strahlender, daß ihr euch davon kein Bild machen könnt!

(Hilarion, bitte, wie kann ich dich spüren? Ich spüre nichts!) Hab Geduld! (Geduld, Geduld, Geduld!) Ja. Ich betrachte dich mit den Augen der Liebe und sehe auch deine Ungeduld und deine Sehnsucht im Herzen. Doch mußt du dich in Geduld üben. Anders geht es nicht.

(Hilarion, bitte kannst du etwas für unseren GMG-Kreis heute abend sagen?)

Aber ja. Natürlich kann ich das. So nehmt diese Worte in eure Herzen auf.

Wir auf „dieser" Seite des „Vorhanges" stehen ständig neben euch und begleiten euch. Nicht nur heute, sondern jeden Tag. Es ist wichtig für euch, den Kontakt zu eurem Inneren ständig aufrechtzuerhalten. Das ist ganz einfach. Wie ich vorhin bereits sagte: *ein* Gedanke genügt. Wir sind ja schon da. Wir müssen nicht aus irgendwelchen weit entfernten Ecken des Universums herbeifliegen. Nein, wir sind da, jederzeit und an jedem Ort. Wenn ihr also eine Frage habt, die euch quält, wo ihr unschlüssig seid, oder ein Problem beschäftigt euch sehr, so haltet kurz inne, wendet euch an uns und fragt!

Was möchtet ihr wissen? Wie das Problem gelöst werden soll? Was ihr tun sollt? Was „richtig" oder „falsch" ist in einer Angelegenheit? Nun gut. Fragt und dann lauscht nach innen. *Ihr werdet dort die Antwort vernehmen.* Ob ihr sie allerdings mit eurem Verstand oder Ego annehmen wollt, hängt von euch ab.

Wir sagen euch die „ideale" Lösung, aber vielleicht habt ihr euch schon eine für euch „perfekte" Lösung zurechtgelegt und möchtet unsere Antwort gar nicht wirklich hören, weil ihr Angst vor den Folgen, vor der Umsetzung habt. Denn nur etwas zu hören, nützt euch nichts, hilft euch nicht weiter. Ihr müßt unseren Rat dann auch in die Tat umsetzen, damit es für euch zum Segen wird. Zu vieles Grübeln kostet eure ganze Kraft. Da bleibt nicht viel zum Handeln übrig.

Vielleicht sagen wir aber auch: Warte ab! Dann heißt es, nichts überstürzen, nichts herbeizwingen, eben einfach abwarten und Geduld haben, bis das Zeichen zum Handeln kommt. Doch wenn wir das Zeichen zum Handeln geben, seid gewiß, daß wir euch auch dabei helfen und unterstützen. Seid euch dessen bewußt! Erinnert euch daran, daß ihr Führung und Kraft aus der geistigen Welt bekommt. Ihr seid nicht alleine! Ihr habt unzählige Helfer an eurer Seite. Ladet sie ein, euch zu unterstützen.

Alle Kraft kommt von innen! Ernährung, Schlaf, ein geregeltes Leben sind wichtig, doch was nützt euch die „beste" Nahrung, wenn euer Bewußtsein nicht rein ist, wenn ihr keine Verbindung zu eurem innersten Wesen habt?

Verliert auch den Bezug zum Boden nicht. Hebt nicht ab! Ihr seid hier, um euer Leben zu leben in dieser Welt, auf dieser Erde. Dies ist die wertvollste Gelegenheit, in die Einheit zu kommen.

Wie kostbar ist dieses Leben! Macht euch das mit aller Macht klar! Jede Minute, jede Sekunde ist unendlich kostbar! Vergeudet sie nicht! Nutzt sie für eure Entwicklung. Für die Entwicklung eures Bewußtseins. Selbst wenn ihr einmal nichts mehr von diesem „spirituellen Zeug" hören wollt, sondern nur noch ausruhen, einfach alles laufenlassen, dann tut das! Aber tut es bewußt! Darauf kommt es an.

Es ist gleich, *was* ihr tut, *wie* ihr es tut, das ist entscheidend. Ihr könnt wie Schlafwandler durch euer Leben tappen, oder ihr könnt bewußt hindurchgehen. Das macht den Unterschied.

Glaubt mir, wir sehen eure Schwierigkeiten, eure Bemühungen, eure Enttäuschungen, und wir sind jetzt hier, um euch Mut zuzusprechen. Ihr seid schon so weit, gebt nicht auf! Ihr werdet das Ziel erreichen. Wir sind da, um euch zu helfen und euch manchen Stein aus dem Wege zu räumen.

Vergleicht doch einmal euer Leben jetzt mit dem vor einem Jahr oder gar vor 5 oder 10 Jahren! Spürt ihr nicht den Unterschied? Wieviel bewußter ihr schon seid und welch gute „Beobachter"?

Ihr könnt große Schritte vorwärts tun, wenn ihr euch täglich mit uns verbindet, unsere Worte in eure Herzen sinken laßt und euer Handeln damit abstimmt. Nehmt unsere Hilfe an, ihr geliebten Menschenkinder, wir wollen euch so gerne all unsere Unterstützung geben, die möglich ist!

Wir lieben euch. Ihr habt unseren Segen allezeit!

(Ich danke dir und allen, die mit dir sind!)

Das Buch entsteht

(Frage, wie ich alles seither Geschriebene weitergeben soll – z.B. in Teilen/tageweise oder als Ganzes, gebunden oder lose)

Ich grüße dich erst einmal.

Weißt du, es ist gut, wenn du das bisher Geschriebene als Ganzes vervielfältigst und weitergibst. Du kannst ein schönes Deckblatt dazu machen, wenn du willst. Du könntest als Titel nehmen: „Die Meister des Lichtes sprechen zu dir".

(Das finde ich nicht so gut.)

Du kannst auch als Titel nehmen: „Licht-Botschaften", gefällt dir das besser? (Ja) Wie wäre es mit einem kleinen Mandala darauf?

(Ja, das würde mir auch gefallen.)

O.k. dann kannst du es vervielfältigen und verteilen.

(Nachtrag: Genau das habe ich getan. Ich habe das vorläufige Manuskript kopiert und mit einem schönen Deckblatt binden lassen und zunächst privat verteilt.

Mir wurde ein bestimmter Betrag für ein Exemplar angeboten, und ich frage Hilarion, ob es o.k. ist, das zu nehmen?)

Aber ja, du hast so viel Zeit und Arbeit darein investiert, da ist das in Ordnung. Geben und Nehmen sollten sich die Waage halten. Du darfst das Geld mit gutem Gewissen annehmen.

(Ich habe ein Deckblatt skizziert, ist das gut so?) Ja, das gefällt mir sehr. Du kannst es so machen.

(Nachtrag: Dieses erste Deckblatt ist nicht dasselbe wie das Cover des Buches, das du jetzt in Händen hältst.)

Jetzt ruh' dich erst einmal aus, wir können eine kleine Pause einlegen.

(Ich habe das starke Gefühl, daß diese „kleine" Pause mindestens ein paar Tage, wenn nicht sogar ein paar Wochen oder Monate dauern wird.)

Du warst sehr fleißig, und es ist wirklich ein schönes Buch dabei herausgekommen. (Humorvoll): Fortsetzung folgt!

Ja, gewiß, wir wollen euch noch mehr übermitteln aus unserem Reich des Lichtes und der Liebe. Wir können es euch nicht oft genug sagen, wie wunderbar es ist, in der Einheit zu leben. Wir möchten euch anfeuern, für den „Endspurt" alles zu geben, was ihr könnt, d.h. alle Kraft, allen Willen, alle Konzentration auf ein Ziel hin zu bündeln, so daß ihr nicht fehlgehen könnt und ein Mißlingen unmöglich ist.

Ihr habt euch entschlossen, diesen Weg zu gehen, so tut das! Voller Liebe, Begeisterung und Neugier. Verlaßt euch auf euch selbst, auf eure Führung im Innersten, so wird alles gelingen.

Wir grüßen euch und segnen dieses Buch und alle, die die Freude haben, es zu lesen oder zu hören.

(Und wo bleibe ich?)

Und ich segne natürlich voller Freude meine fleißige „Schreibarbeiterin"!

(Danke!)

Teil II

Botschaften vom 7. 12. 2001 – 19. 9. 2002

Vorwort

Seit ich Teil I fertiggestellt und die Einleitung dazu geschrieben habe, sind nun mehrere Monate vergangen, und es hat sich neues Material von Hilarion angesammelt, das ich hier als Teil II anfüge.

Die Hauptbotschaft ist nach wie vor diese:

Wir sind wunderbare geistige Wesen mit großer schöpferischer Kraft und Intelligenz. Uns sind alle Dinge möglich.

Wir kamen aus der Einen Quelle und gehen wieder dorthin.

Wir sind vollkommen, jetzt in diesem Augenblick.

Wir sind niemals allein.

Das alte Spiel ist vorbei, wir stehen am Beginn einer neuen Zeit. Ein unglaublicher Bewußtseinswandel der Erde und ihrer Bewohner ist im Gange.

Ich wurde inzwischen mehrfach gefragt bzw. gebeten, etwas darüber zu schreiben, wie es mir bei den Channelings geht, was ich fühle und wie die äußeren Umstände dabei sind. Darauf möchte ich hier an dieser Stelle eingehen.

Ich nehme den Kontakt zu Hilarion in unterschiedlicher Weise auf. Eines ist dabei jedoch stets gleich, nämlich daß ich mich bewußt der geistigen Welt öffne d.h. einfach zur Verfügung stelle und innerlich bereit und empfänglich bin.

Manchmal setze ich mich zur Meditation hin, lege stets Block und Stift bereit und lausche ab und zu in mein Herz, ob von da der

Impuls zum Schreiben kommt bzw. ob ich etwas „höre". Es macht für mich keinen Unterschied, ob ich bei Kerzenschein sitze oder ob es hell ist, sei es von Lampe oder Tageslicht. Wichtig ist, daß ich alleine bin und nicht gestört werden kann.

Oft gibt es schon eine Frage, von mir selbst, oder jemand hat mich gebeten, Hilarion zu einem bestimmten Thema zu befragen, und ich nehme Platz wie zur Meditation, stelle nun sofort die Frage und warte auf die Antwort. Zu Beginn, wenn ich Block und Stift ergreife , jedoch noch nicht begonnen habe zu schreiben, habe ich des öfteren so etwas wie einen blitzartigen Einblick oder Überblick, was Hilarion mitteilen wird. Selbst wenn ich weder eine Frage noch ein Thema habe, „sehe" ich hier ganz kurz und umfassend bzw. weiß in einem Moment, worum es gehen wird

Ab und zu bin ich gerade mit irgend etwas Alltäglichem beschäftigt und es kommt plötzlich der Impuls, zum Stift zu greifen und etwas zu notieren. Das tue ich dann auch sofort.

Was meine Gefühle betrifft, so sind sie meistens nicht anders, als wenn ich sitze und meditiere oder in ein Tun vertieft und ganz konzentriert bin. Mein Bewußtsein ist nach innen gerichtet und ich lausche aufmerksam. Wie ich schon ganz zu Beginn von Teil I sagte, fühle ich mich dabei völlig „normal". Manchmal, und das habe ich im Text jeweils zu erkennen gegeben, spüre ich Hilarions Gegenwart, seine Liebe, seinen Humor, seinen Ernst und seine Kraft. Mein häufigstes Gefühl bei den Kontakten ist das der Dankbarkeit und ich glaube, dieses Gefühl ist es auch, das mich vor geistigem Hochmut bewahrt und bescheiden bleiben läßt.

Und Dankbarkeit empfinde ich auch gerade jetzt, da ich diese Worte schreibe. Ich gebe diesen Dank aus tiefstem Herzen an Hilarion weiter, in der Hoffnung, daß seine Botschaften noch viele Menschen so tief berühren werden, wie ich es schon erfahren durfte.

Marbach, 28. Oktober 2002

1. Das Auf und Ab des irdischen Lebens

7. 12. 2001   Ein kleiner Unfall

(Ich frage mich, ob Hilarion immer da ist, wenn ich innerlich die Verbindung mit ihm aufnehme.)

Ja, siehst du, und schon bin ich hier. Du brauchst nur das Licht „anzuknipsen" und sofort brennt es!

Was möchtest du wissen? Du möchtest mich etwas wegen deines Unfalls fragen? (Ja, was ist der Sinn davon? Wozu soll das jetzt gut sein? – Ich hatte am Tag zuvor einen „verrückten" Unfall, indem ich mir mit einem Mikadostäbchen eine 7 cm lange Stichverletzung im Fuß beigebracht hatte und mit dem Krankenwagen ins Krankenhaus gebracht werden mußte.)

Ich sage dir erstens, daß alles insofern einen Sinn hat, als du jedem Ereignis einen Sinn verleihst, der individuell für dich paßt, und zweitens, daß du durch deinen Unfall lernen kannst, mit solch einem Ereignis neu umzugehen. Das ist wichtig. Hier kannst du dein neues Denken und Handeln in der Realität wirklich auf die Probe stellen und üben. Frage mich nicht „wie?", das weißt du selbst!

(Ich bin sehr müde, die letzten Tage waren sehr anstrengend, und ich habe auch nur wenig geschlafen.)

Ja, das wissen wir. Umso mehr sagen wir danke, daß du dich jetzt überhaupt hingesetzt hast, um zu schreiben. Du merkst selbst, daß es wegen deiner Müdigkeit etwas schwerer geht. Vielleicht kannst du dich morgen früh mit uns verbinden?

Wir sagen dir gute Nacht und bitten dich, dir keine Sorgen wegen deines Fußes zu machen. Er kommt sehr schnell wieder in Ordnung. Aber versuche dann wirklich langsamer zu treten, teile deine Energie gut ein. Du wirst sie brauchen.

Liebe trage dich durch die Nacht. Wir grüßen dich bis „morgen".
(Ich danke euch!)

(Nachtrag vom 20. 12. 2001: Obwohl die Stichverletzung sehr tief war, somit beim Herausziehen des Mikadostäbchens nicht betäubt und danach auch nicht gereinigt werden konnte, hat sich nichts entzündet, und ich konnte nach 4 Tagen bereits wieder Auto fahren und nach einer Woche fast ohne Humpeln wieder laufen. Mein „neues Denken und Handeln" bestand darin, daß ich mich während der Fahrt im Krankenwagen und des Aufenthalts im Krankenhaus sowie dann auch in der Zeit zu Hause beständig auf das ICH BIN konzentriert und mein Vertrauen geübt habe, indem ich keinerlei negative Gedanken oder Gefühle (Angst, Zweifel, Panik) aufkommen ließ. Die Sache war umso heikler, als ich nämlich nicht krankenversichert bin. Somit bin ich fast gezwungen, bei irgendwelchen gesundheitlichen Problemen meiner inneren Heilungskraft zu vertrauen und mich selbst zu heilen. Deshalb nähre ich auch immer wieder den Gedanken in mir „Ich bin gesund!".

12. 12. 2001   Großartige Fähigkeiten

(Hilarion, bist du da?)
   Ja, ich bin da. Höre mich, meine Schwester im Geiste! Wir stehen hier und warten auf den Kontakt mit dir und deinen Lichtbrüdern und –schwestern. Sei getrost, daß diese unsere Verbindung nie mehr abreißen wird. Das Licht ist unser „Verbindungsstoff". Es ist der feinste, aber auch beste „Klebstoff", den es gibt. Liebe verbindet, Liebe ist Licht.
   Wir sind die Meister der Liebe und des Lichtes.
   Wir möchten euch wieder einmal auffordern und ermutigen, euch *täglich* mit eurem inneren Licht zu verbinden, nur das kann euch erheben und euch Glück und Zufriedenheit, wahren Reichtum und Weisheit bringen.

Immer wieder laßt ihr euch fangen von den Verlockungen der irdischen Welt, laßt euch verstricken ins Netz der Emotionen und niederen Bedürfnisse und Wünsche. Tretet daraus hervor! Dies könnt ihr nur, wenn ihr Herr seid über eure Gedanken und Gefühle. Lernt, diese zu beherrschen! Das ist das Wichtigste, was ihr Tag für Tag tun solltet. Denkt daran!

Wenn ihr gleich aufstehen werdet, um euren alltäglichen Dingen nachzugehen, erinnert euch immer wieder daran! Tut es! Macht euch eure Gedanken bewußt! Wenn ihr *das* schafft, könnt ihr *alles* (er)schaffen! Alles erreichen! Alles Wirklichkeit werden lassen = realisieren. Ihr unterschätzt eure angeborenen Fähigkeiten völlig. Ihr habt nicht einmal die leiseste Ahnung, was in euch steckt, welche großartigen Fähigkeiten in euch verborgen liegen. Hebt diese ans Licht! Das ist nur möglich, indem ihr euch immer wieder darauf besinnt, wer ihr seid. Konzentriert euch auf euer inneres Licht, ruft es an, verbindet euch damit. Im selben Augenblick verbindet ihr euch mit uns, die wir segnend und helfend an eurer Seite stehen.

Wir gießen unendliche Liebe über euch aus, möge euch unser Segen im innersten Herzen erreichen.

Wir umarmen euch voller Freude und Dankbarkeit.

17. 12. 2001 Höre auf, dich zu ärgern

(Ich habe gerade das Buch „Die Magische Gegenwart" von Godfré Ray King gelesen und war fasziniert. Es hat mich auch bestärkt im Vertrauen darauf, doch tatsächlich ein Kanal für die Aufgestiegenen Meister zu sein, obwohl nach wie vor immer wieder Zweifel daran auftauchen.)

So höre meine Worte. Du bist genauso ein Kanal wie Godfré Ray King. Glaube niemals, daß du weniger oder mehr wärest, „besser" oder „schlechter" als irgendein anderer Mensch. Aber doch ist es so, daß manche Menschen sich dem Licht mehr öffnen als andere und bereit sind, den Meistern und der Menschheit zu dienen.

Wir freuen uns sehr über deine Bereitschaft und möchten dir unser Wissen und unsere Weisheit gerne zukommen lassen. Du bist schon lange in unserer Schulung, doch seither war das deinem Tagesbewußtsein nicht zugänglich. Das soll und wird sich ändern!

Wer immer von euch bereit ist, mit all seiner Kraft dem Licht zu dienen, für den soll nun die Zeit kommen, da er dies ganz bewußt mit unserer Hilfe und Unterstützung tun kann.

Viele „Wunder" sollen geschehen und Dinge, die ihr euch in eurer kühnsten Phantasie nicht vorstellen könnt. Aber ihr müßt bereit sein und voller Entschlossenheit. Halbherzigkeit, Ängstlichkeit, Zweifel und Trägheit führen wahrlich nicht zum Ziel!

(Ich bitte um eine Botschaft für unseren heutigen GMG-Abend.)

Ihr kommt hier zusammen zu eurem „GMG" (= Gespräche mit Gott) -Kreis, d. h. ihr wollt mit Gott sprechen. So sollt ihr das auch tun! Und selbst wenn ihr nun nicht mehr Texte aus den GMG-Büchern („Gespräche mit Gott", Band 1-3, von Neale Donald Walsch) benützt, ist es weiterhin ein wunderbarer Gespräche-mit-Gott-Abend, denn eure Herzen sind offen, und *es findet eine Kommunikation mit Gott statt!* So laßt diese Bezeichnung für eure weiteren Treffen bestehen. Wir halten segnend die Hand darüber und lassen euch Informationen, Inspirationen und höheres Wissen zufließen.

Wir sind immer anwesend, wenn ihr um des Lichtes willen zusammenkommt, und stehen segnend hinter euch. Unsere innige Liebe fließt euch zu in jedem Augenblick, und wir danken euch, daß ihr euch zur Verfügung stellt, mit uns zusammenzuarbeiten.

Allein das Licht im Herzen der Menschen kann die Erde retten.

Befreit euch endlich von all dem negativen Unrat in eurem Gemüt und eurem Denken. Ihr könntet solch ein wundervolles Leben haben, wenn ihr nur dem Licht Einlaß gewähren würdet und nichts anderes tätet, als aufbauend zu fühlen und zu denken. Wir möchten euch nochmals sagen: Ihr seid uns gleich in euren Möglichkeiten und Fähigkeiten! Nutzt sie, werdet Meister wie wir! Ihr könnt das. Ihr seid Schöpfer wie wir.

Doch was macht ihr mit eurer Schöpferkraft?! Schaut euch um, schaut euch euer Leben an! Was habt ihr euch erschaffen? Ist da Vollkommenheit, Liebe, Harmonie, Glanz und Glückseligkeit?.......
Nein?

Dann habt ihr euch eben für Kummer, Armut, Sorgen, Ärger, Disharmonie, Krankheit usw. entschieden.

(Meine Tochter ruft, sie ist krank und deshalb zu Hause geblieben. Ich bin genervt, weil sie mich immer so in Anspruch nehmen will.)

Du solltest liebevoller mit deiner Tochter umgehen. Widme ihr die Zeit, die du ihr gibst, wirklich ganz. Dann wird sie zufrieden sein.

(Ihr ist langweilig, und ich soll sie beschäftigen, unterhalten, dazu habe ich im Moment absolut keine Lust!)

Sei liebevoll! Sei dir bewußt, daß du überhaupt nichts versäumst. Schau, wie kostbar sind diese Momente mit ihr. Weißt du denn, wie lange du so noch mit ihr zusammen sein kannst? Im nächsten Moment könnte alles anders sein. Das war doch deine Erfahrung bei deinem Unfall.(s. 7. 12. 2001) So sei dankbar für jeden Moment und *höre auf, dich zu ärgern!* Liebe den jetzigen Augenblick. Freue dich, daß du lebst! Sei dankbar dafür! Ein größeres Geschenk und einen größeren Segen gibt es nicht. Sei liebevoll zu deiner Tochter und erinnere dich, daß sie hier ist, um dir zu helfen. Sie hat es auf sich genommen, nochmals in diese niedere Schwingung einzutauchen aus Liebe zu dir. Behalte das in deinem Gedächtnis.

Ich verstehe deine Sehnsucht nach Stille, Ruhe, nach Abgeschiedenheit, nach Schweigsamkeit und Rückzug. Aber du bist auch gefordert, hier und jetzt voll und ganz anwesend zu sein und einfach deine Aufgaben und Pflichten als Mutter zu erfüllen. Ohne Widerstand und innerliches Grollen. Sage „ja" dazu, und alles wird mit einem Mal leicht und angenehm. Konzentriere dich immer wieder auf das ICH BIN, und du wirst alle Segnungen des Geistes erfahren und in Freude leben

Hör' auf mit dem innerlichen Stöhnen! Es verleidet dir den Tag. Sorge dich nicht! Es besteht kein Grund dazu. Niemals mehr sollst du dir um irgend etwas Sorgen machen. Wir stehen dir hilfreich zur

Seite, wir beschützen dich und geben dir Führung und Anleitung. Wenn du der inneren Stimme die Führung überläßt und ihr gehorchst, wird Freude und Glück daraus erwachsen. Du wirst eine nie gekannte Zufriedenheit spüren, und dein Licht wird sich ausbreiten und dem Segen aller dienen.

Seid gegrüßt in Liebe und Dankbarkeit. Spürt unsere Gegenwart und Kraft, nehmt sie mit und bewahrt sie euch gut.

20. 12. 2001   Das Ende der Unwissenheit

(Ich sitze und lausche nach innen, bin mir aber nicht sicher, ob ich Hilarion höre.)

Ja, ich spreche zu dir. Und du mußt genau hinhören, um meine leise Stimme zu vernehmen. Und dies sage ich zu jedem, der diese Worte liest oder hört. Lauscht! Richtet eure Aufmerksamkeit nach innen. Wendet euch ab von dem äußeren Geschehen, den weltlichen Ereignissen. Laßt den Lichtstrahl euer innerstes Heiligtum erhellen. Wartet nicht damit bis „irgendwann"! Die Zeit ist knapp und kostbar.

Unsere Liebe, unser Licht und unsere Weisheit strömen euch zu, *jetzt in diesem Augenblick!* Haltet inne und spürt es! ....

(Ich habe fürchterliche Kopfschmerzen und es fällt mir sehr schwer, mich zu konzentrieren.)

Ja, ich nehme deine Schmerzen wahr. Du bist sehr sensibel für atmosphärische Veränderungen. Es wird noch zwei Tage dauern, dann wird es dir wieder gut gehen.

(Nachtrag: Meine Kopfschmerzen hingen tatsächlich mit der Wetterlage zusammen. Als es endlich anfing zu schneien, hörten sie auf und es ging mir wieder gut.)

In wenigen Tagen ist Weihnachten. Das sollte ein Fest sein, bei dem ihr euren inneren Christus willkommen heißt.

Er wird in dir geboren. Dein Herz ist seine Geburtsstätte. So nimm das Weihnachtsfest als Gelegenheit, deinem inneren Christus segnend und dankend zu begegnen. Laß es ein Fest deiner eigenen zweiten Geburt sein.

(Ich habe in dem Buch von Godfré Ray King weitergelesen und war wieder überrascht und dankbar, so manche Parallele und Gemeinsamkeit darin zu finden zu dem, was ich in Teil I der Licht-Botschaften geschrieben habe.)

Du siehst, wir sind tatsächlich Brüder und Schwestern im Geiste. Ja, das ist faszinierend für dich, und es war kein Zufall, daß du diese Schrift eben jetzt gelesen hast. Es war wieder eines unserer Zeichen für dich, das dir helfen soll zu vertrauen. Du siehst, unsere Botschaften und Lehren sind einheitlich. Was wir übermitteln, ist die Wahrheit!

Ich spüre deine Offenheit, und das macht es mir leicht und freudvoll, mit dir zu kommunizieren. Du wandelst dich jeden Tag ein wenig, auch wenn du das nicht wahrnimmst. Doch Veränderung geschieht! Und da du dich nun ganz deiner inneren Führung zu überlassen die Absicht hast, wird jeglicher Wandel zu deinem allergrößten Wohle und Segen sein! So viel Gutes erwartet dich. Öffne dich, damit es nicht wie von einer verschlossenen Tür wieder abprallt.

(Ich spüre Dankbarkeit in mir und sage „danke, danke, danke!")

Wir sind hier, um euch in „alte" Geheimnisse einzuweihen, um euch das Licht zu bringen und euch das zurückzugeben, was ihr verloren habt: euer Wissen um euch selbst. Eure Unwissenheit soll und wird bald ein Ende haben. Wir sehen strahlende Wesen, die in vollem Bewußtsein ihrer großartigen Vollkommenheit leben und handeln. Für euch mag das unglaublich klingen und doch ist es so. Jedes unserer Worte ist eine Manifestation der Wahrheit. Das ist auch der Grund, weshalb ihr euch durch eben unsere Worte so angesprochen und berührt fühlt. Sie lassen euch nicht kalt. Das spürt ihr genau. Unsere Worte der Wahrheit treffen auf eure innere Wahrheit und finden dort Resonanz, d.h. ihr seid der „Resonanzboden", der zu schwingen beginnt, und genau diese innere Bewegung spürt ihr. Ihr seid innerlich „bewegt". Ist es nicht so?

Spüre jetzt genau hin! ....

Du spürst viel mehr, als du dir selbst zutraust. Übe dich darin. Wir können leichter „durchkommen", wenn du ganz differenziert wahrnehmen kannst. Es ist so leicht. Aber du mußt es wollen, und du solltest Ausdauer mitbringen. Beharrlichkeit ist keine Mühe, und sie bringt dich sicher ans Ziel.

(Heute ist es sehr mühsam, finde ich.)

So? Ich finde das nicht. Gefällt dir unser Dialog nicht?

(Doch, aber es geht so holperig von Satz zu Satz.)

Das macht doch nichts. Wenn du es später nochmals überarbeitest, wirst du nichts „Holperiges" darin finden. Das ist dein Verstand, der es so einordnet und beurteilt. Laß dich davon nicht stören.

Wir wollen viele Menschen erreichen, die innerlich bereit sind, sich dem Licht zu öffnen und Veränderungen auf sich zu nehmen, um dieses Licht weiter zu verbreiten.

Gut ist es, wenn unsere Botschaften in größeren Gruppen weitergegeben werden, dann kann die Verbreitung schneller erfolgen. Und gut wird es sein, so schnell wie möglich das Manuskript tatsächlich als Buch herauszugeben.

(Sehr bestimmt:) So erteile ich dir hiermit den Auftrag, unsere Licht-Botschaften „ins Reine" zu schreiben, sobald du kannst, und ich gebe es hiermit frei zur „öffentlichen" Weitergabe.

(Mir ist fast feierlich zumute und gleichzeitig auch ein bißchen mulmig.)

Wir werden uns um einen Verlag kümmern, auch um das Lektorat und die äußere Gestaltung brauchst du dich nicht zu sorgen. Das tun wir. Wir möchten, daß dieses Buch in „tausendfacher" Ausfertigung verkauft wird. Und das wird es. Wir sorgen dafür. Glaube uns! Vertraue uns! Du wirst sehen. Es ist schon geschehen!

(Ich habe dazu noch ganz viele Fragen!)

Stelle sie alle, ich werde jede einzelne davon beantworten. Es ist ja nicht „dein" Buch, sondern es sind unsere Botschaften, es ist unser gemeinsames Werk, und es soll so aussehen, wie es gewollt und geplant ist. Mach dir keinen „Kopf", du hast doch schon Kopfschmerzen!

(Ja, leider. Deshalb möchte ich auch jetzt aufhören und ins Bett gehen.)

So wünsche ich dir eine gute Nacht. Ich behüte dich im Schlaf und umhülle dich mit meinem Schutz und Segen. Wenn du morgen früh erwachst, wirst du dich gestärkt und frisch fühlen.

29. 12. 2001   Unzufriedenheit

(Ich bin gereizt, schlecht gelaunt, alles regt mich auf, mein Tochter „nervt" – was ist nur los mit mir?)

Guten Morgen. Ich freue mich, daß du dir heute einmal wieder die Zeit nimmst für unsere Kommunikation.

Was mit dir los ist? Weißt du das nicht selbst? Wie sollst du dich gut fühlen, wenn du so viele negative Gedanken hast, d.h. wenn du dich über so vieles ärgerst und „bruddelst"? Da *kannst* du dich nicht gut fühlen! Aber wisse, daß du es augenblicklich ändern kannst, wenn du willst.

Beobachte deine Gedanken und wähle die aufbauenden für dich aus. Die anderen weise ab. Warum läßt du dich so hin- und herwerfen von deinen Emotionen?

Nimm Zuflucht zum ICH BIN, und du wirst dich gleich besser fühlen.

(Das habe ich schon gemacht, aber zur Zeit ist so eine Unzufriedenheit in mir, und ich weiß gar nicht, weshalb.)

Doch, sei ehrlich mit dir, du weißt das. Setz' dich einmal ruhig hin und überlege dir, was dir hier nicht gefällt. Dann ändere es! Und schon wird sich die Unzufriedenheit auflösen. Aber du mußt etwas tun!

(Ich kann mich immer so schwer aufraffen, etwas zu tun, das ist ja mein Problem.)

Nein, das ist kein Problem! Das ist eine Gewohnheit in den Körperzellen, die du ganz leicht ändern kannst. Wichtig ist dabei, wie und wann du deinen Tag beginnst. Je eher, umso besser und erfüllender für dich! Je träger du bist und je mehr du aufschiebst von dem, was zu tun wäre, umso unzufriedener wirst du dich fühlen. So entschließe dich, die Dinge, die zu tun sind, gleich zu tun. Wenn du eine Aufgabe siehst, dann sage dir: „Jetzt will ich das tun." Und erledige sie. Es ist so einfach.

Wie immer gelten diese Worte für alle, die sie lesen oder hören.

(Kommt diese Unzufriedenheit tatsächlich nur daher, daß ich Dinge aufschiebe?)

Im Moment ja! Dadurch, daß du die Aufgaben, die zu erfüllen wären, aufschiebst oder vor dir herschiebst, bist du innerlich nicht frei für die Dinge, die du eigentlich tun möchtest und die dir Freude und Zufriedenheit bringen würden. Wie willst du Freude empfinden, wenn du ständig deine nicht erfüllten Pflichten als Last mit dir herumträgst?!

(Ja, ich bin so träge, das ist einfach fürchterlich – und das ärgert mich auch schon wieder!)

Jetzt ist es gut! (D.h. höre auf mit dem Gejammer!)

Spüre meine Liebe und Gegenwart und laß dich davon erhellen und ermutigen.

2. Das Leben bejahen

4. 1. 2002   Erneuerung

(Ich rufe Hilarion und bitte für unsere GMG-Gruppe um eine Botschaft fürs neue Jahr.)

So vernimm meine Worte und schreibe.

Ihr habt ein Jahr voller Turbulenzen hinter euch, und nun ist es wichtig, daraus zu lernen und Konsequenzen zu ziehen.

Blickt mit Abstand darauf zurück und entschließt euch, in diesem Jahr auf neue Art zu handeln. Nur wenn ihr das Alte nicht wiederholt oder fortsetzt, kann sich alles zum Guten wandeln. Dazu ist eure Entscheidung notwendig. Glaubt nicht, daß ihr nichts verändern könnt. Ihr habt die Macht, in *einem* Moment euer ganzes Leben zu verändern.

Seht euch nicht als klein, schwach und hilflos an, sondern als die machtvollen Wesen, die ihr in Wahrheit seid. Stellt euch vor, daß ihr Kleidung aus Licht tragt, daß jedes eurer Worte Berge versetzen kann, daß der Lauf der Dinge von euren Gedanken und Gefühlen abhängt! Dann erkennt ihr auch eure Verpflichtung und Verantwortung, die ihr habt. Vor allem und zuerst für euch selbst!

Füllt eure Herzen mit liebevollen Gefühlen, denkt liebevolle Gedanken, sprecht liebevolle Worte, die eurem Gegenüber guttun und ihn erheben. Und bedenkt dabei, daß ihr euch dabei selbst guttut!

Öffnet eure Augen!

Sprecht nichts, was dem anderen wehtut oder ihn verletzt, schweigt lieber, als das zu tun.

Niemals zuvor konnten wir euch so nahe sein, waren so starke helfende Strahlen und Wesen so zahlreich bei euch, um euch zu helfen. Niemals zuvor war es so einfach, mit uns Verbindung aufzunehmen und sich der geistigen Dimension zu öffnen.

So große Schritte sind jetzt möglich!
Zögert nicht! Geht sie! Wir helfen euch dabei.

Wenn ihr euch für dieses neue Jahr einiges vorgenommen habt – daß ihr dies oder das tun wollt oder jenes nicht mehr tun wollt, so oder so sein möchtet oder nicht mehr sein möchtet – so ehren euch diese guten Vorsätze, und wir schätzen euch deshalb sehr. Und doch wißt ihr aus Erfahrung, daß ihr eure guten Vorsätze zumeist nicht lange oder manchmal gar nicht einhalten konntet.

Warum? Habt ihr euch darüber einmal Gedanken gemacht? Oder habt ihr euch einfach für das „Mißlingen" verurteilt und „niedergemacht", euch für schwach und unfähig gehalten?

Ihr könnt eure Vorsätze nicht einhalten, wenn ihr euch zu weite Ziele setzt und zu große Erwartungen habt. Nehmt euch z.B. nicht vor: „Ab heute sage ich kein einziges böses Wort mehr", sondern: „Ab heute übe ich mich darin, weniger verletzende Worte zu sprechen."

Das Wichtigste ist, daß ihr euch selbst liebt, annehmt und verzeiht. Ihr steht an erster Stelle! Vergeßt das nie!

Ich sage hiermit jedem einzelnen Leser oder Hörer:

Du bist das Ganze! Liebe dich selbst! Achte auf dich! Behüte dein Leben gut! Sorge dafür, daß du so viel Licht und Vollkommenheit ausstrahlst wie möglich – als Offenbarung der Einen Wirklichkeit.

Du magst dich fragen, wie das in deinem Alltag konkret aussehen könnte?

Übe dich darin, jeden Augenblick so anzunehmen, wie er sich dir darbietet. Nimm das, was auf dich zukommt, mit Liebe und Gelassenheit an, heiße es willkommen. Laß die Widerstände los und wehre dich nicht gegen das Leben. So sagst du zu jedem Augenblick „ja", und das heißt „vollkommenes Leben".

Und wenn du spürst, das oder das willst oder kannst du nicht, so sage eben dazu „ja" – zu deinem Nichtwollen oder Nichtkönnen – und schon offenbarst du wieder Vollkommenheit.

Dieses Jahr wird euch viel Neues bringen, es ist ein sehr wichtiges Jahr, laßt euch darauf ein, begrüßt es mit Freude.

Die größten Veränderungen werden sich nicht in eurem Äußeren ereignen, sondern es wird ein großer Wandel in eurem Inneren stattfinden.

Erneuerung ist das Wort für dieses Jahr. Und Erneuerung bedeutet, daß sich in euch so manches verändern wird. Auch dabei habt ihr mächtige Hilfe und unsere liebevolle Unterstützung.

Seid jetzt einen Moment ganz still und spürt unsere machtvolle und liebende Gegenwart! Öffnet eure Herzen ganz weit! ....

Ihr habt unsere Gegenwart gespürt, und wir haben uns die Hände gereicht. Wir sind voller Freude und spüren eure Dankbarkeit und eure liebevoll geöffneten Herzen.

Seid getrost, daß das Leben stets seinen richtigen Lauf nimmt. Habt keine Angst, daß jemals etwas „falsch" sein könnte.

Vertraut!

Wir sagen euch „gute Nacht" und halten segnend unsere Hände über euch. Ihr könnt voller Frieden nach Hause gehen. Nehmt unsere Liebe mit und laßt sie ausstrahlen auf all eure Begegnungen.

5. 1. 2002   Numerologie

(Ich bitte Hilarion, mir nochmals eine Erklärung zu den Texten bezüglich der Zahlen 1, 2 und 3 zu geben.)

Jetzt kannst du schreiben, ich möchte dir etwas sagen.

Gut, das ist eine wichtige Frage. Wichtig deshalb, weil ihr alles wirklich verstehen sollt, was ich euch übermittle.

Manchmal stehen die Worte dem Verständnis und der Verständigung im Weg. So will ich also noch eine Erläuterung zu den Zahlen geben.

Du weißt, daß eine 1 nichts als die 1 enthält. Und daß die 2 eben zweimal die 1 enthält und die 3 dreimal die 1. Das ist klar, daß jegliche Zahl, wenn man sozusagen ihr „Innenleben" betrachtet, aus nichts als Einsen besteht. So ist es mit allen Dingen, die ihr wahrnehmt. Sie bestehen ohne Ausnahme alle aus dem Einen, doch ihr schaut nicht ins Innere. Ihr nehmt nur die 2 oder die 17 oder die 368 wahr und nicht die 1111111...., die wahre Essenz, aus der die Zahlen oder Dinge bestehen.

Die 2 ist die Zahl, die der 1 nachfolgt und ihr am nächsten ist. Die 1 ist die wahre Einheit. Dieses unaussprechliche Eine ist die absolute Wirklichkeit, die in allem verborgen ist.

(Und was ist nun mit der 2 und der 3? Vor allem das mit der Spiegelung war für manchen nicht klar verständlich.)

So wie du dich im Spiegel siehst und genau weißt, daß das nur ein Bild von dir ist, aber du eben nicht selbst bist, so ist diese ganze Welt der Erscheinungen sozusagen nur ein Spiegelbild, mit Hilfe dessen du dich selbst erkennen kannst.

Ohne Spiegel könntest du dich selbst nicht sehen. Und dafür ist eine gewisse Entfernung nötig, die zwischen dir und dem Spiegel besteht. Hier kommt die 2 ins Spiel (amüsiert:) im allerwörtlichsten Sinne! (Hilarion bezieht sich hier darauf, daß das Leben tatsächlich ein Spiel ist und wir unsere Rollen darin spielen.) Denn ohne die Ausdehnung im Raum wäre keine Spiegelung möglich. Du stehst „hier", dein Spiegelbild ist „dort", das ist die Dualität oder Polarität. Das ist die Welt, in der du dich bewegst.

(Es ist immer noch nicht ganz verständlich, wo denn nun die 2 ist.)

Du hast die 1 und nimmst einen Spiegel, dann siehst du darin auch eine 1, und nun hast du *zwei* Einsen, obwohl es nach wie vor in Wirklichkeit nur *eine* 1 gibt. Aber du läßt dich täuschen und meinst, es gäbe *zwei* getrennte Einsen. Du hast 2, und doch ist da nur 1.

(Was ist mit der 3?)

Die Ziffer 3 ist eine interessante Zahl. Zunächst die Form: die 3 besteht aus zwei halbkreisförmigen Bögen, die zusammen diese Form ergeben. Erinnert dich das an etwas?

(An das OM-Zeichen;

114

wenn ich sie drehe,
an den Buchstaben;

an einen stilisierten Vogel;

an den oberen Teil
eines Herzens   ).

Ja, das alles kann man darin sehen und noch etwas anderes. Wenn du dir vorstellst, du stehst unter einem Baum und schaust nach oben durch die Blätter, so siehst du die Sonnenstrahlen nicht direkt, sondern in bestimmten Formen zwischen den Blättern hindurch. Da erscheint die Form der 3. (Das ist doch Unsinn, entschuldige bitte!)

Nein, das ist es nicht. Wenn du deinen Blick emporhebst, so kommt die neue Größe der Höhe im Raum ins Spiel. Zu dem „hier" und „dort" des Spiegels kommt jetzt hinzu „oben" und „unten".

Die Form der 3 ist
das Dreieck.

„Hier" bist du, „dort" ist der Spiegel, die Welt, und „oben" ist Gott, der Geist, wie immer du es nennen willst.

Die 2 ist „flach", die 3 hat „Volumen", die 1 ist der Punkt, aus dem alles entsteht und besteht.

(Ich bin müde und will ins Bett. Ich finde es nicht befriedigend, was ich über die Zahlen geschrieben habe.)

8. 1. 2002   Liebevoller Umgang

Höre mir zu. Wenn du nicht weißt, was du tun sollst, so rufe einfach deinen inneren Ratgeber an. Ihm kannst du immer vertrauen. Höre auf das, was er dir rät. Er ist verbunden mit der höchsten Weisheit, deshalb ist das, was er sagt, niemals falsch.

Du kannst dir selber etwas Gutes tun, indem du morgens vor dem Frühstück einen Moment der Stille übst, bevor du in den Alltag mit seinem äußeren Tun gehst. Es ist wichtig, gleich morgens nach dem Aufwachen oder Aufstehen die Verbindung zur Quelle herzustellen, um gestärkt und geführt den Tag zu beginnen.

Ich wiederhole mich immer wieder, bis ihr endlich begriffen habt, worum es geht.

Verlasse dich nicht auf Bücher und Worte. Dies hier ist ebenfalls ein Buch mit Worten. Auch es wird dir nichts nutzen, wenn es nicht zu einer Erfahrung führt, so daß du das Wort selbst in dir vernimmst. Das, was in dir geschieht, ist das Wesentliche, das, was du mit deinem inneren Auge siehst und mit deinen inneren Ohren vernimmst.

Diese äußere Welt ist trügerisch, vergänglich. Neben ihr besteht eine andere geistige Welt, und diese Welt des Geistes ist dein wahres Zuhause. Den Zugang dorthin kannst du nur **in dir** finden. Versprich dir selbst, das zu tun! Das wird für dich ein großer Ansporn sein. Und das Wissen, daß es diesen Zugang gibt, daß er die ganze Zeit über da ist und offensteht, macht die Sache ganz leicht. Tritt einfach ein! Das ist alles.

(Wie?)

Wie ich gerade sagte, indem du nach innen gehst, all deine Sinne vom Außen ab- und eben nach innen wendest. Das ist nicht schwierig! Aber du mußt es *tun*! Und wenn es nur für einen kurzen Moment ist. Diesen Moment kannst du wiederholen und wiederholen, beliebig oft. Je öfter umso besser.

Glaube nicht, daß deine Bemühungen keine Wirkungen hätten. Du spürst sie nicht sofort, aber es gibt keine Ursache ohne Auswirkung. Sei geduldig. Nähre in deinem Bewußtsein den Gedanken, daß du für alles genug Zeit hast, was dir wichtig ist.

Versuche nicht, die Menschen zu manipulieren oder zu überrumpeln. Laß jeden so sein, wie er ist. Du möchtest doch auch so akzeptiert werden, wie du bist, oder nicht? Stell dir vor, wie wunderbar es ist, von einem Menschen vollkommen so angenommen zu werden, wie du bist. Genau das solltest du anderen Menschen erweisen, damit du selbst in diesen Genuß kommst.

Erinnere dich immer wieder, wenn du dich über jemanden ärgerst oder gar auf jemanden schimpfst oder ihm böse Worte gibst: „Das bin ich selbst, ich will mir nicht wehtun, ich will mich nicht verletzen." Auf diese Art und Weise kannst du viel liebevoller mit anderen umgehen. Doch zuerst solltest du natürlich mit dir selbst liebevoll umgehen! Verzeihe dir das, was du als Fehler und Schwächen ansiehst, hab Nachsicht mit dir.

Wir betrachten euch ganz liebevoll und mit Achtung und Wohlwollen. Gehe in dich und frage dich, was dich abhält, dir mit derselben Haltung zu begegnen.

(Ich muß aufhören, weil ich noch nach meiner Mutter sehen will, die krank im Bett liegt, und weil außerdem gleich eine Klientin kommen wird.)

Hab' keine Sorge, ich werde dich inspirieren und dir Führung geben. Alles ist gut, spüre das in jedem Moment.

Ich verabschiede mich und sende dir Lichtstrahlen, die Herz, Gemüt und Geist erstrahlen lassen. Ich danke dir.

(Ich danke dir. Hilarion, danke, danke, danke!)

17. 1. 2002   Alte Wege verlassen

(Hilarion, bitte hilfst du mir, die „offizielle" Version des Buches fertigzustellen?)

Ja, ich helfe dir.

(Ich bin mit der Klarheit des Kontaktes nicht zufrieden und sage, daß ich nur schreiben möchte, wenn der Impuls stark ist und eindeutig.)

Jetzt hältst du den Stift und weißt nicht, was du schreiben sollst? Laß es einfach fließen! Wir geben dir die richtigen Worte, kümmere dich nicht darum. Du darfst während dieser Zeit unserer Kommunikation alle Gedanken sein lassen.

Was immer du durch uns schreibst, wird heilsam sein für viele Menschen, denn es sind nicht die Worte selbst, die wie Balsam wirken, sondern es ist das, was mit Hilfe dieser Worte von uns zu euch „transportiert" wird. Ihr spürt das sehr gut beim Hören oder Lesen.

Es ist unsere innige Liebe, unser Wohlwollen und unsere Freude.

(Ich bin fast verzweifelt, weil ich Schwierigkeiten habe, Hilarions Stimme im Herzen zu hören.)

Nun hörst du meine Stimme, jetzt kannst du schreiben.

Vieles, was ihr mit eurem Verstand lösen wollt, läßt sich nur lösen, indem ihr alle eingefahrenen Denkmuster sein laßt und das Ganze aus einer neuen Sicht betrachtet.

Das, was vielleicht noch vor wenigen Jahren galt, gilt heute nicht mehr. Es hat sich alles verändert, und alles verändert sich ständig weiter. Wenn ihr etwas so macht, wie es eben seither gehandhabt wurde, paßt das jetzt nicht mehr. Diese Zeit erfordert neues Handeln und Denken. Deshalb probiert das Neue aus, ihr werdet staunen, was sich dann tut!

(Bitte, Hilarion, könntest du etwas konkreter werden, vielleicht ein genaues Beispiel geben?)

Nun gut. Wenn du zum Beispiel verärgert bist über etwas, wie hast du seither gehandelt? Hast du alles geschluckt und geschmollt oder bist in die Verteidigung oder in den Angriff gegangen und hast zurückgeschlagen? Vielleicht waren das deine Wege, mit dieser Situation umzugehen.

Nun ist es an der Zeit, neu zu handeln. Du weißt das längst, daß etwas anderes angemessen wäre, und du weißt auch, daß es nur ein liebevoller Umgang mit der Situation sein kann.

Wende dich dem Licht zu und erfülle das Ganze mit Liebe und Wohlwollen. Nimm deinen Ärger wahr, aber nähre ihn nicht und verdränge ihn nicht.

Löse ihn auf! Durch Licht und Liebe.

So kannst du mit jeder negativen Situation, jedem negativen Gefühl umgehen. Nimm es wahr, nimm es an und dann löse es auf, indem du dich auf dein Licht besinnst und dich mit Liebe füllst.

(Wie soll man das machen?)

Halte kurz inne, spüre dein (spirituelles) Herz und rufe das Licht in dir an. Du kannst dir auch vorstellen, daß du innerlich einen Lichtschalter anknipst und das Licht zu scheinen beginnt. Oder du stellst mit Hilfe des blinkenden Sternes die Lichtverbindung zu uns her.

Probiere aus, was dir am leichtesten fällt, was für dich funktioniert.

(Ich bitte um eine Botschaft für unsere heutige GMG-Gruppe.)

Bleibt eurem inneren Wesen treu! Das ist sehr wichtig. Verleugnet euch nicht selbst! Das habt ihr niemals nötig.

(Es folgen persönliche Mitteilungen für alle einzelnen Teilnehmerinnen und zum Schluß auch für mich:)

Und du bist unsere (ich höre „wunderbare", will das aber nicht schreiben) Mittlerin, bitte schreibe „wunderbare Mittlerin", ohne die wir diese Botschaften so nicht übermitteln könnten. Wir sehen voller Freude, wie die Liebe und Freude in deinem Herzen wachsen und welche Fortschritte du machst, auch wenn es dir nicht so erscheint.

Diese Runde ist natürlich nicht zufällig entstanden. Zufall gibt es nicht. Jeder von euch hat eine bestimmte Aufgabe, und ihr seid hier, um diese nun mit aller Kraft und unserer Hilfe zu erfüllen und zu vollenden.

Wir segnen euch.

Taucht ein in ein Meer der Liebe und spürt unsere Gegenwart. Unsere Verbindung ist so stark, und das Licht leuchtet so hell! Laßt uns gemeinsam strahlen.

Wir danken euch.

(Ich danke dir, Hilarion, und deinen geistigen Brüdern und Schwestern!)

Ich verabschiede mich.

18. 1. 2002 Herzklopfen

(Ich habe seit ca. drei Tagen immer wieder Herzklopfen und -stolperer. Das beunruhigt mich ziemlich, vor allem wenn ich ruhig sitze oder im Bett liege und es dann besonders stark wahrnehme. Ich frage Hilarion deswegen.)

Sei ganz ruhig. Ich bin da. Ich helfe und antworte dir immer, wenn du mich rufst!

Dein Herz ist sehr bewegt, das ist alles. So starke neue Schwingungen sind hier, daß auch dein Körper sich dem anpassen und darauf einstellen muß. Das kann zum Beispiel Herzklopfen verursachen oder Kopfschmerzen oder anderes körperliches Unwohlsein. Hab keine Angst, mach dir keine Sorgen deshalb. Meine Hand liegt auf deinem Herzen, es ist gut behütet und geschützt.

Das Vibrieren, denn das ist es, was du spürst, wird nachlassen, sobald du dich auf diese höhere Schwingung mit Körper und Seele eingestellt hast. Du brauchst deshalb kein Medikament einzunehmen. Die beste Arznei dafür ist Gelassenheit. Bleibe ruhig, rege dich nicht auf. Das Mantrasingen ist sehr hilfreich, um deine Herzschwingung der höheren spirituellen Frequenz anzupassen, so fahre damit fort, sooft du kannst.

Ich freue mich, daß du jetzt wieder häufiger sitzt und schreibst, und ich verspreche dir, daß du bald wieder zufriedener mit dem Fluß der Worte sein wirst. Es ist ein bißchen ins Stocken geraten, weil die Regelmäßigkeit gefehlt hat. Es ist gut und hilfreich für dich, wirklich ganz regelmäßig zu sitzen und etwas zu tun. Das hilft „dranzubleiben". (Ja, das weiß ich eigentlich.)

Wenn du etwas so fühlst, dann tue es auch!

Siehst du, dein Herz hat sich schon etwas beruhigt. Jeder Kontakt zu mir erhöht deine Schwingung ein wenig, und somit paßt du dich der Einen großen Schwingung immer besser an, bis du die feine hohe Schwingung erreichst, die dir ein völliges Eintauchen ins Licht ermöglicht. Dieser Augenblick *wird* kommen. Aber warte nicht darauf. Singe jetzt noch ein Mantra und sei ganz ruhig und spüre Frieden in deinem bewegten Herzen.

120

Wir sind mit dir und umhüllen dich mit all unserer Liebe und Weisheit. Ich wünsche dir einen wunderbaren Tag voller Licht und Inspiration für deine Arbeit. Wir sind stets bei dir, vergiß das nicht!

(Ich danke dir von Herzen, Hilarion!)

ICH BIN DA.

28. 1. 2002   Sieh die Wirkungen

(Ich will nur schreiben, wenn ich einen ganz klaren Impuls dazu habe oder ganz deutlich dazu aufgefordert werde.)

So schreibe. (Ich zögere)

Ich bitte dich zu schreiben. Ich freue mich, daß du unser Gespräch heute wieder aufnimmst, nachdem du dich etwas zurückgezogen hattest.

(Ich kam leider nicht dazu, mich häufiger zum Schreiben hinzusetzen, da ich auch noch mit der letzten Korrektur von Teil I des Buches beschäftigt bin.)

Ja, es ist gut. Wir wissen das. Aber laß dich nicht von äußeren Umständen beherrschen. Wenn du etwas tun *willst*, dann tue es.

(Ich bin wieder einmal verzweifelt, weil ich das Gefühl habe, gar nicht mehr in Fluß zu kommen mit Hilarions Botschaften. Vielleicht habe ich in letzter Zeit tatsächlich zu wenig geschrieben.

Hilarion, ich kann dich mit meinen Sinnen nicht wahrnehmen. Wie soll ich sicher sein, daß du da bist und auch, daß du es bist, der mit mir spricht?)

Jetzt kannst du nicht sicher sein. Nur an den Ergebnissen kannst du es erkennen. Wenn du als Person mit Menschen sprichst, bekommst du eine Reaktion, und wenn dieselben Menschen unsere Botschaften erhalten, bekommst du ebenfalls eine Reaktion. Vergleiche einfach die Reaktionen, die Wirkungen! Daran kannst du ganz schnell erkennen, ob die Worte von dir selbst, wie du es bezeichnest, oder von uns stammen. Es ist ganz einfach und sehr präzise.

Aber glaube nicht, daß der Ursprung deiner und unserer Worte verschieden sei. Nur die Kraft, mit der sie etwas bewirken können, ist unterschiedlich groß. Unsere Botschaften sprudeln sozusagen ungehindert aus der Quelle, deine Worte werden gefiltert und damit geschwächt durch deine Person und deinen Verstand.

(Das Schreiben empfinde ich im Moment als sehr mühsam und zäh!)

Ja, es geht etwas beschwerlich. Aber störe dich nicht daran! Das wird vergehen, und es wird wieder leichter fließen.

Beständigkeit ist wichtig. Du solltest dich bemühen, wirklich regelmäßige Zeiten für unseren Kontakt zu finden. Du wirst spüren, daß du es dann viel leichter haben wirst.

Thema Fernsehen

(Das Fernsehen nimmt so viel Zeit, und doch schaffe ich es oft nicht, eben einfach auszuschalten. Danach bin ich so müde, daß ich lieber ins Bett gehe, als mich noch hinzusetzen und zu schreiben.

Auch in unserem GMG-Kreis war das Fernsehen ein Thema und eine dringliche Frage: Wie kann man die Fernsehsucht bzw. die Macht, die es ausübt, eindämmen, wie kann man es schaffen, weniger oder gar nicht fernzusehen?)

Das ist eine wichtige Frage in der heutigen Zeit. So viel Kraft geht hier verloren. Ihr seid Gefangene dieser Gewohnheit, und es ist in der Tat wichtig, daß ihr euch aus diesem Sog befreit.

(Wie?!)

Der erste wichtige Schritt ist der bewußte Entschluß, es zu tun. Als zweites könnt ihr uns um Hilfe bitten, das zu bewerkstelligen. Wir können euch Kraft geben, standhaft zu bleiben, denn eine Zeitlang wird die Versuchung immer wieder groß sein, und ihr müßt sehr stark sein, um standzuhalten.

Überlegt euch *vorher*, wofür ihr diese gewonnene Zeit nutzen wollt. Freut euch darauf, endlich das tun zu können – und zwar mit Muse – , wozu ihr seither keine Zeit hattet. Endlich werdet ihr die Zeit haben!

Macht euch immer wieder klar, wie kostbar jeder Tag, jede Minute hier auf der Erde ist. Wenn ihr hinübergeht ins Reich des Lichtes und zurückschaut auf euer Leben, dann werdet ihr bereuen, so viele Stunden vor dem Fernseher verbracht zu haben. Ihr werdet es als vertane, verlorene Zeit empfinden und es zutiefst bedauern.

Zählt einmal die Stunden zusammen, die ihr in einer Woche oder einem Monat, in einem Jahr, in einem Leben vor diesem Apparat zubringt. Vielleicht macht es euch dieser Schock, denn das wird es sein, wenn ihr die Zahlen seht, leichter, in Zukunft mit eurer Zeit verantwortungsbewußter und sinnvoller umzugehen. Sagt euch bewußt: „Es ist nur ein Apparat, ich lasse mich davon nicht beherrschen!"

Ihr seid die gewaltigen Schöpfer eures Lebens.

Versteht das nicht falsch. Fernsehen ist nicht „schlecht", aber ihr dürft euch nicht davon beherrschen lassen. *Ihr* sollt entscheiden, was ihr mit eurer Zeit anfangt und wie lange ihr vor dem Apparat sitzen wollt. Doch ihr laßt euch zwingen und davon einlullen, ihr gebt euren freien Willen ab an einen Fernsehapparat!! Wollt ihr das wirklich? Überlegt euch, was ihr tut!

Es wird leichter sein, ganz fernsehfrei zu leben, wenn auch nur ab und zu für einen Tag, als anzuschalten und dann nach einer gewissen Zeit wieder abzuschalten. Also entschließt euch zunächst zum Beispiel für einen fernsehfreien Tag pro Woche. Nachdem ihr dann gespürt habt, wie gut euch das tut, wie schön dieser Tag war und daß ihr viel mehr Zeit für euch hattet, wird es euch leichter fallen, das Fernsehen weiter einzuschränken.

Wir sagen nicht: hört auf fernzusehen. Aber wir sagen: hört auf, Dinge zu tun, die ihr nicht tun wollt.

(Ich werde an dieser Stelle unterbrochen. Ich bin nicht recht zufrieden mit dem, was ich geschrieben habe.)

Du hast unsere Liebe und unseren Segen, egal, was du schreibst und ob du zufrieden bist oder nicht. Wir sind sehr zufrieden mit dir! (Humorvoll) Wenngleich du dich etwas öfter mit uns verabreden könntest. Wir sind hier zum Wohle der Menschheit, um den Menschen im Licht der Wahrheit zu dienen und zu helfen.

(Etwas später. Hilarion, du sagtest, ihr hättet noch etwas anderes mit mir vor. Was ist das?)

Das kann ich dir jetzt noch nicht sagen. Du wirst dafür vorbereitet, und wenn es an der Zeit ist, etwas dazu zu sagen, werden wir dir eine Botschaft übermitteln.

Was ich schon sagen kann, ist dies: Es wird etwas sehr Schönes sein für dich und etwas, das außerhalb deines jetzigen Erfahrungsbereiches liegt. Du wirst mit vielen Menschen zu tun haben, und es wird dich zutiefst erfüllen. Mehr Informationen kann ich dir heute nicht geben.

Ich umhülle dich mit meiner tiefen Liebe und grüße dich auch von den anderen großen Meistern des Lichtes und der Weisheit. Wir begleiten dich und deine Brüder und Schwestern.

(Ich danke dir, Hilarion!)

Gute Nacht.

29. 1. 2002   Keine Erfahrung ist umsonst

Ihr sollt nicht abschweifen vom Weg oder umherirren. Laßt euch tragen vom Strom des Lebens.

Wir sind da und segnen euch.

Habt Geduld mit euch selbst. Geht liebevoll mit euch um. Wie fühlst du dich, wenn jemand ständig zu dir sagt, daß du nicht gut genug bist, nichts richtig machst oder nicht „perfekt" genug bist? Wenn jemand ständig Ansprüche an dich stellen würde? Ginge es dir dann gut?

So sei nachsichtig mit dir und schaue dich wohlwollend an. So wie du mit dir selbst umgehst, so bist du auch zu anderen Menschen. Übe dich hier in einem liebevolleren Umgang.

Ihr begreift immer noch nicht ganz, worum es im Leben wirklich geht, seid immer noch bestimmt sowohl von euren Emotionen als auch von der äußeren Welt.

Eure Bestimmung ist jedoch die, zu kosmischem Bewußtsein zu gelangen und das Licht der Wahrheit ungetrübt auszustrahlen.

Ihr seid auf dem Wege dahin und doch laßt ihr euch wieder und wieder einfangen, verstricken, abbringen. Ihr müßt euren Blick unverwandt auf euer großes Ziel richten und dürft nicht nachlassen in euren Bemühungen und eurem Streben.

Wir stehen euch zur Seite! So viele wunderbare Wesen des Lichtes helfen euch und sind auch jetzt hier, um mit euch zu sein.

Es ist gut, sich zu überlegen, was ihr in eurem Alltag tun wollt, welcher Beschäftigung ihr nachgehen solltet, was „euer Ding" ist. Das könnte jedoch statt eines mühevollen Suchens ein ganz leichtes Finden sein, wenn ihr euch nach innen ausrichten und dort fragen würdet. Aber seid nicht traurig oder ärgerlich, wenn es euch hierhin und dorthin treibt, ihr dieses und jenes versucht und jeweils das Gefühl habt, das ist es doch nicht. Auch diese Zeiten sind nicht vertan, wenn ihr bewußt damit umgeht und sie einfach als Erfahrungen willkommen heißt. Keine Erfahrung ist umsonst! Erfahrung heißt Leben. Ob „gute" oder „schlechte" Erfahrung, es ist das Leben selbst, das ihr darin spüren könnt.

„Werdet wie die Kinder" ist nicht nur so dahingesagt, nicht nur ein schöner Spruch, sondern es ist ein guter Rat, den ihr beherzigen solltet. Kinder sind offen und neugierig, sie fühlen die Dinge, ihr denkt die Dinge. Sie lachen und lieben mit aller Intensität, und sie sind ehrlich in ihren Gefühlen.

Kinder sind gute Lehrmeister.

3. Aufstieg ins Licht

1. 2. 2002   Frieden beginnt im Herzen

Ich spreche zu dir. Hörst du mich?

Es ist wichtig, daß du dich öfter hinsetzt, um den Kontakt mit mir aufzunehmen, sonst fällt es dir immer schwerer, meine Stimme in deinem Herzen zu hören. Aber glaube das, was ich dir versprochen habe, daß der Kontakt nicht mehr abreißen wird.

Ich halte jedes Versprechen, das ich gebe. Du kannst darauf vertrauen.

Wir umhüllen dich mit unserer ganzen Liebe und Kraft, damit du gestärkt wirst und mehr Licht ausstrahlen kannst.

Frieden. Wie wichtig ist Frieden im Herzen. Solange auch nur *ein* Mensch kämpferische Gefühle in seinem Herzen hat, kann kein Frieden auf der Erde sein. Der Frieden muß zuerst in euren Herzen wohnen, dann wird er sich auch in eurer äußeren Welt offenbaren. Friedlich gestimmt zu sein, ist ein viel angenehmeres Gefühl als Aggressivität und Haß.

Laßt Milde walten, wenn ihr über andere Menschen richtet oder urteilt. Besser tätet ihr daran, das Urteilen und Verurteilen zu lassen und euch zu bemühen, das Gute und Schöne zu sehen, auch und gerade bei den Menschen, die ihr nicht mögt, über die ihr euch ärgert oder aufregt. Seid wohlwollend euch selbst und anderen gegenüber.

Liebe ist niemals verärgert oder aggressiv. Liebe ist manchmal streng, aber immer wohlwollend und gütig.

Ich wiederhole meinen Rat an euch: Verletzt keine andere Seele, ihr verletzt euch damit selbst!

(Eine Frau aus unserem Gesprächskreis wollte Hilarions Meinung zur Stammzellenforschung wissen, und ich befrage ihn dazu.)

Alles, was machbar ist, wird auch getan werden. Niemand kann das verhindern. Wichtig ist der Grad des Bewußtseins derjenigen, die diese Versuche durchführen, und noch wichtiger derjenigen, die die Ergebnisse aus Profitgier, Machtstreben und Eigennutz für sich verwenden wollen. Wenn solche Motive Antrieb des Handelns sind, kann nichts Gutes für die Menschen daraus erwachsen.

Wenn es nur darum ginge, den Kranken und Armen zu helfen, so wäre dies in der Tat eine wunderbare Möglichkeit, die sich auftut. Jedoch sind diese reinen Motive nur bei einem kleinen Teil der Menschen maßgebend, die sich mit diesem Thema beschäftigen. So wird zwar vielen Kranken dadurch tatsächlich geholfen werden können, aber der Schaden, der aus dem materiellen Bewußtsein, aus der Gier erwächst, wird beträchtlich sein. Nicht für dich persönlich, aber für die Gemeinschaft derer, die in diesem selben materiellen Bewußtsein verstrickt sind.

4. 2. 2002   Aufgestiegene Meister

(Ich frage Hilarion, was ein „Aufgestiegener Meister" ist.)

Das will ich dir gerne sagen. Wir sprechen von „Aufgestiegenen Meistern" als von Wesen, die im Licht leben und von Wahrheit völlig durchdrungen sind. Diese Wesen, die reines Bewußtsein sind, haben einst als Menschen auf der Erde gelebt und, so wie ihr, ein mehr oder weniger „normales" Leben geführt. Doch was sie innerlich bewegte, war nicht das Denken an Geld oder Gut, an Macht und Reichtum, sondern sie waren getrieben von einer Sehnsucht nach dem Einen, dem Streben nach Wahrheit und dem Verschmelzen mit Gott.

Die Aufgestiegenen Meister haben dieses Ziel erreicht.

Viele sind hier bei mir, um euch allen zu sagen, daß ihr dieses Ziel ebenso erreichen könnt. Auch ihr könnt ein „Aufgestiegener Meister" werden. Dazu müßt ihr alles auf *ein* Ziel ausrichten, euer ganzes Leben der Wahrheit widmen und nicht aufgeben, bis ihr tatsächlich und fürwahr aufgestiegen sein werdet.

Aufzusteigen heißt, in eine andere Dimension einzutreten, in einem neuen Bewußtsein zu leben. Ihr laßt euren jetzigen Bereich unter euch und steigt in einen höheren, feineren, lichteren Bereich empor, von dem aus ihr dann erkennen könnt, daß ihr eure seitherige Zeit in einem Traum verbracht habt, von dem ihr dachtet, er sei die Wirklichkeit. Wenn ihr aufsteigt, wacht ihr aus diesem Traum auf in die wirkliche Wirklichkeit.

Ihr könntet *jetzt* aufsteigen, genau so wie ihr jetzt gerade seid, mit diesem Körper, den ihr habt. Ihr müßtet ihn transformieren, so daß er in eine viel höhere Schwingung käme. Er würde dann hier auf der materiellen Ebene unsichtbar, aber für euch wäre er noch genauso vorhanden wie zuvor.

(Wie bringe ich meinen Körper in eine/diese höhere Schwingung, um ihn zu transformieren bzw. um aufsteigen zu können?)

Voraussetzung für die Erhöhung der Körperschwingung ist dein Bewußtsein. Wenn du **ununterbrochen**, und das heißt tatsächlich ohne die kleinste Unterbrechung, im reinen, klaren Bewußtsein deiner selbst verweilen könntest, dann würde sich alles auf den einen Punkt deines Seins zusammenziehen und du würdest wie explodieren in die neue Dimension des Seins.

Wir, die Aufgestiegenen Meister des Lichtes, der Liebe und der Wahrheit, verweilen ständig im Licht. Wir sind unendliche Liebe und Verkörperungen kosmischer Weisheit. Wir sind uns in keinem Moment unserer selbst unbewußt, handeln unüberlegt oder aus einer Emotion heraus, so wie ihr das oft tut. Unser Tun ist in jeder Weise vollkommen. Wir kennen weder Zögern und Zaudern, noch haben wir Ängste und Zweifel.

Wir sehen die Wirklichkeit, wir sind Liebe, und wir leben im Lichte der Weisheit. Wir haben viele Brüder und Schwestern, die auch auf dem Weg in dieses „Paradies" sind, und das seid *ihr*!

Je mehr Freude ihr in euren Herzen tragt, je liebevoller ihr mit euch und anderen umgeht, je beständiger euer Bewußtsein auf das Eine ausgerichtet ist, umso eher werdet ihr den Schritt tun: aus dem Traum heraus in die Wirklichkeit. Nehmt euch ein Beispiel an uns. Wir waren Menschen, die auf der Erde gelebt haben so wie ihr, jetzt sind wir Aufgestiegene Meister und leben im Licht. Also könnt ihr das auch! Es ist möglich! Wenn wir das konnten, könnt ihr es auch.

(Ich bin müde. Ich merke, daß ich mich nicht mehr richtig konzentrieren kann.)

Du kannst aufhören zu schreiben. Wir können morgen früh weitermachen. Ich erwarte dich.

(Ich danke dir für deine Worte. Ich habe vor, mir morgen früh die Zeit zu nehmen, um mich zum Schreiben hinzusetzen, obwohl ich einiges andere zu tun haben werde.)

Du wirst alles in Ruhe erledigen können. Ich helfe dir dabei, das weißt du doch!

Sei gegrüßt, meine liebe Schwester des Geistes, ich umarme dich und werde dir all meine Liebe senden auch während der Nacht. Du sollst auch im Schlaf meinen Segen haben und eingehüllt sein in die Schwingung des reinen Lichtes. So gehst du auf deinem Weg weiter, auch wenn du mit deinem Alltagsbewußtsein nichts davon bemerkst.

Ich sage gute Nacht. Lege dich jetzt schlafen. (Gute Nacht!)

6. 2. 2002   Umwandlung des Körpers

(Ich habe solche Probleme mit dem Herzen. Herzklopfen, Druck, Schmerzen, was ist das? Ich habe schon einmal gefragt, aber ich möchte noch einmal fragen, weil es mich doch sehr beunruhigt – vor allem weil ich ja keine Krankenversicherung habe – und auch ein wenig ängstigt. Was wäre, wenn ich so krank wäre, daß ich mal ins Krankenhaus müßte! Das darf nicht sein. Wegen des Geldes nicht und wegen meiner Tochter nicht.

Bitte, Hilarion, sage etwas dazu.)

Hier bin ich.

Bleibe ruhig! Ruhig zu bleiben, ist sehr wichtig und tut deinem Herzen gut. Dein Herz ist nicht krank. Wie ich schon sagte, muß sich dein Körper an eine höhere Schwingung anpassen, und das ist es, was du spürst und was dir im Moment ein wenig „Probleme" bereitet. Aber sei gewiß, daß es vorübergehen wird. Du kannst beruhigt sein. Wenn du möchtest und dir das die Angst etwas nimmt, kannst du etwas zur Stärkung des Herzens nehmen .

(Was?)

(Name eines Präparates und eines Tees.)

Höre! Was ich dir sage, ist die Wahrheit, und du kannst mir vertrauen.

Es ist nicht nur die Umwandlung deiner Körperschwingung, es sind auch atmosphärische Schwingungen, die dir nicht bekommen. Du bist wie eine Antenne, die Störungen registriert. Die Antenne selbst ist nicht defekt oder wird dadurch beeinträchtigt.

(Es fällt mir sehr schwer, ruhig zu bleiben, ich spüre, wie die Angst hochkommt, weil mein Herz unerträglich stark pocht. Wenn ich versichert wäre, wäre ich schon zum Arzt gegangen oder würde sicherlich heute gehen, weil ich das Herz jetzt so stark unangenehm spüre.)

Versuche trotzdem, ruhig zu bleiben. Dein Herz wird sich beruhigen. Es wird noch ein Weilchen anhalten mit den Beschwerden, aber dann wirst du vollkommen gesund und gestärkt sein. Glaube mir! Vertraue meinen Worten, die aus der Region des Lichtes zu dir kommen und dir helfen sollen, dich nicht beirren zu lassen.

Vertrauen ist etwas Wunderbares. Hier kannst du dich darin üben. Ich weiß, es ist schwer, wenn es die Gesundheit betrifft, aber gerade hier kannst du einen großen Schritt vorwärts tun.

(Bei diesem starken Herzpochen kommt schon der Gedanke auf, plötzlich umzufallen und zu sterben, an Herzinfarkt oder was weiß ich.)

Wir sind da. Wir lassen dich nicht sterben, nicht jetzt, da du noch einiges zu erledigen hast.

(Bitte, laß mich deine Hilfe spüren! Bitte! Laß vielleicht z.B. das Herzklopfen aufhören, um mir tatsächlich zu zeigen, daß ich mich nicht zu sorgen brauche. Bitte!)

7. 2. 2002   Unterscheidungsvermögen

(Ich habe heute überhaupt keine Herzprobleme! Ich bin sehr dankbar und freue mich deswegen.)

So sei gegrüßt. Wir sind hier versammelt in einem großen Kreis und warten darauf, daß du „empfangsbereit" bist. Das bist du jetzt.

Wir schicken euch zunächst einmal unsere Grüße und möchten euch ermuntern, auf diesem Weg, den ihr gewählt habt, weiterzugehen. Es ist der Weg ins Licht. Nur da könnt ihr wahres Glück erlangen.

Ihr müht euch hier auf der Erde ab, ihr „rackert" und lauft Dingen hinterher, die euch kein wirkliches Glück bringen können.

Bleibt fest im Geiste verankert, dann kann nichts schiefgehen, nichts „Böses" oder „Schlechtes" euch treffen und verletzen. Ihr müßt stark sein im Inneren, sonst könnt ihr nicht bestehen in dieser Welt, in dieser Zeit, die eine Zeit der Transformation und des Wandels ist.

Stärke im Inneren könnt ihr nur erlangen, wenn ihr euch täglich mit dem Geiste verbindet, in euch geht und dort in der Stille ruht, ohne euch ablenken zu lassen von „irdischem Geschwätz". Konzentriert euch auf euch selbst. Fragt euch immer wieder, was wirklich wichtig ist, was wirklich zählt. Laßt die Nebensächlichkeiten, haltet euch nicht auf mit unwichtigen Dingen.

Und wir erinnern euch noch einmal daran, wie ihr die wichtigen von den unwichtigen Dingen unterscheiden könnt: Wichtig ist alles, was euch zu eurem geistigen Ziel führt, d.h. zur Erleuchtung, zum Licht, zur Wahrheit und Einheit. Alles, was diesem Ziel dient, ist am wichtigsten und hat immer Priorität. All das, was euch an die materielle Welt bindet, was nicht dem geistigen Aufstieg oder Wachstum dient, ist unwichtig und sollte nicht an erster Stelle stehen.

Das ist eine wichtige Lektion, die ihr nicht vergessen solltet!

Freut euch an allem, was ihr habt. Freut euch an der wunderbaren Welt, in der ihr lebt. Seht ihre Schönheit. Dankt dafür! Nichts ist selbstverständlich. Nehmt es nicht einfach so hin, sondern nehmt alles bewußt und mit dankbarem Herzen als Geschenk und große Gnade an. Daß ihr sehen, hören, fühlen könnt, ist nicht selbstverständlich. Daß ihr euch durch Worte verständigen könnt, ist keine Selbstverständlichkeit, auch nicht, daß ihr euch bewegen, essen, trinken, schlafen, denken könnt.

Macht euch bewußt, welch grandiose Wesen ihr seid, welche Fähigkeiten ihr habt! Daß ihr als Menschen hier auf der Erde lebt, ist keine Selbstverständlichkeit, und daß ihr diese Botschaften lesen könnt, ebenfalls nicht.

Ihr seid nicht einfach „zufällig" da, sondern ihr habt geplant, hierherzukommen und eine Aufgabe zu erfüllen. Und wir helfen euch dabei voller Freude. Gemeinsam breiten wir mehr Licht aus und erhellen die Welt mit unserer starken Liebesschwingung. Wir sind Arbeiter eines gemeinsamen „Projektes", und dieses Projekt heißt „Aufstieg der Erde".

Ihr seid schon weit gekommen und habt bereits viel erreicht. Laßt euch nicht immer wieder herunterziehen und fesseln von irdischen Verstrickungen, von negativen Gedanken und von schwächenden Emotionen wie Ärger, Wut, Trotz, Neid und Zorn. Das schadet euch sehr. Euer Fortschreiten wird dadurch in starkem Maße behindert. Und ihr fühlt euch nicht wohl dabei.

Also macht endlich Schluß damit. Entscheidet euch für ein Leben im Licht und in der Liebe.

Nehmt euch an! Und wenn ihr euch akzeptiert habt, dann werdet ihr lernen, alle Menschen zu lieben, dann werdet ihr fähig sein, zu erkennen, daß ihr und alle „anderen" nichts Getrenntes seid, sondern daß ihr alle Teile des Einen seid, verbunden durch Liebe und Wahrheit, die die Essenz von allem sind, was ist.

Wir stehen hier und betrachten euch voller Achtung und Wohlwollen. Wir sehen, wie ihr euch bemüht, wir sehen eure Fortschritte und eure „Durststrecken". Ihr habt in *jedem* Augenblick unsere Unterstützung und Hilfe.

Vermeidet solche „Gewohnheitssprüche" wie: „Das kann ich nicht. Das geht nicht. Das schaffe ich nicht." Ihr habt jetzt das Bewußtsein erreicht, wo ihr erkennen müßt, daß all diese Sätze nicht der Wahrheit entsprechen.

Ihr könnt! Es geht! Ihr schafft es! Das ist die Wahrheit.
Wir sprechen all dies mit großer Eindringlichkeit (ja, das spüre ich sehr deutlich!), damit ihr es nicht gleich wieder vergeßt oder ad acta legt. Es sind wichtige Worte, die ihr euch merken und in euer Herz sinken lassen solltet, damit sie für euch Positives bewirken können.

Wir umarmen euch. Laßt euch einhüllen in große, große Freude und tiefes Mitgefühl. Wir sind bei euch!

(Das war eine sehr schöne Sitzung. Hilarion, ich danke dir und all den anderen Wesen. Es ist so gut geflossen wie lange nicht, und ich spüre tiefe Dankbarkeit und Glück in mir!)

Das spüre ich auch. Ich danke dir.

8. 2. 2002   Leben und Tod

Sei gegrüßt. Ich bin da, wie immer, wenn du mich rufst. Auch bin ich nicht alleine, sondern es sind andere Wesen mit mir gekommen, um hier bei dir zu sein und an unserem Austausch teilzuhaben.

Spüre unsere Freude, die wir ausstrahlen, wenn wir mit dir kommunizieren.

Was würdest du tun, wenn du wüßtest, daß du nur noch einen einzigen Tag zu leben hättest?

(Ich zähle vieles auf, darunter einige Dinge, die damit zu tun haben, Beziehungen zu klären, bisher Ungesagtes auszusprechen, verschiedenen Menschen zu danken, Ballast abzuwerfen und noch einiges mehr.)

Das gefällt mir sehr. So könntest du ruhig und gelassen gehen, hinüber ins Reich des Geistes und des Lichtes.

Aber warum tätest du das alles erst dann, wenn du wüßtest, daß dein Leben in 24 Stunden zu Ende geht? All diese Dinge solltest du tun, auch wenn du noch lange am Leben zu sein erwartest. Es ist wichtig, alles im Leben rechtzeitig zu ordnen, denn du weißt nie, ob diese Stunde jetzt vielleicht die erste der letzten 24 Stunden ist.

(Jetzt zu gehen, würde mir sehr schwerfallen, aber nur wegen meiner Tochter, weil sie mich noch sehr braucht, und ich weiß, daß es für sie ein unheilbarer Schock wäre, wenn ich sie jetzt verlassen würde.)

Das ist richtig. Sie braucht dich tatsächlich noch. („Schmunzelnd":) Und freue dich, du wirst noch ein Weilchen hier auf der Erde verbringen können. Doch solltest du ab und zu einmal daran denken, was du machen würdest, wenn deine Zeit hier zu Ende wäre. Und genau das solltest du dann tun und nicht aufschieben bis „irgendwann".

Vielleicht wirst du in den letzten 24 Stunden keine Möglichkeit mehr dazu haben und würdest es dann sehr bereuen, diese Dinge nicht früher erledigt zu haben. Besser ist es, nicht mit Reuegefühlen oder Bedauern hinüberzugehen, sondern voller Freude und in dem Wissen, alles ist in Ordnung, geregelt und gut.

Der Tod ist der ständige stille Begleiter des Lebens. Klammert ihn nicht aus. Ladet ihn ab und zu ein und beschäftigt euch mit ihm. So nehmt ihr ihm den Schrecken und braucht euch nicht mehr davor zu fürchten.

Es gibt nichts zu fürchten, denn das Leben wird weitergehen. Wenn ihr das Tor durchschritten habt, erwartet euch eine wunderbare Welt voller Licht, voller Glanz, durchdrungen von Liebe und Wahrheit. Fürchtet den Tod nicht.

12. 2. 2002   Du kennst dich am besten

(Ich bin krank, habe Grippe. Ich setze mich trotzdem hin und frage Hilarion, ob er da ist.) Ja, ich höre dich.

Mach dir keine Sorgen wegen deiner Gesundheit. Auch wenn es jetzt nicht so scheint, bist du doch ganz gesund. Diese „Grippe", die du gerade fühlst, ist nötig für den Körper, damit er gereinigt und gestärkt wird. Er mobilisiert dadurch schlummernde Kräfte und wird gezwungen, Gifte und Schlacken auszuscheiden.

(Was kann mir helfen?)

Es ist gut, viel Wasser zu trinken, das erleichtert dem Körper die Reinigungsarbeit.

Wichtig ist, daß du dir immer wieder dann Ruhe gönnst, wenn dir danach zumute ist. Freue dich über diesen Prozeß, es wird dir anschließend leichter fallen, Verbindung zur geistigen Welt aufzunehmen.

Sei voller Freude und Zuversicht.

Wenn es etwas gibt, was dich bedrückt, so verzweifle nicht, sondern verbinde dich mit den aufbauenden und lichtbringenden Kräften in dir. Konzentriere dich kurz auf deinen Atem, und sofort wirst du dich besser fühlen. Oder sprich ein Mantra, das die gleiche wohltuende Wirkung hat, oder mache einen ausgedehnten Spaziergang in der Natur, auch dort wirst du deinen inneren Frieden wiederfinden.

Tue das, wobei du dich wohlfühlst. Vertraue deinem inneren Wegweiser. Niemand sonst kennt dich so gut wie du dich selbst.

Vertraue dir! Glaube an dich!

Darin wollen und werden wir dich immer und immer wieder bestärken. Wir wünschen, daß du frei wirst.

17. 2. 2002   **Verzicht üben**

Gegrüßt seid ihr Kinder des Lichtes. Wieder einmal sind wir hier, um euch unsere Liebe, Anerkennung und Wertschätzung zu übermitteln.

Lebt euer Leben intensiv und so bewußt, wie es euch überhaupt nur möglich ist. Schult euer Bewußtsein täglich. Fangt bei kleinen Dingen an. Nehmt zum Essen das Besteck bewußt auf, schiebt die Nahrung bewußt in den Mund, und erfühlt mit eurer Zunge bewußt deren Geschmack. Kaut bewußt, schluckt bewußt die Speisen hinunter. Öffnet und schließt bewußt den Mund.

Auf diese Art und Weise habt ihr Tag für Tag Tausende von Möglichkeiten, euer Bewußtsein zu trainieren und eure Beobachtungsgabe zu schulen.

Seid für einen Moment ganz still und beobachtet eure Umgebung – den Raum, in dem ihr gerade seid. Schaut, riecht, lauscht! Nehmt einfach alles bewußt wahr, was jetzt gerade da ist in diesem Augenblick...........

Wiederholt das, wenn ihr euch am Arbeitsplatz befindet, beim Einkaufen, beim Spazierengehen in der freien Natur. Überall und jederzeit könnt ihr durch dieses Üben dem Himmel ein Stück näherkommen. Seid nicht so verschlafen! Wacht auf!

(Ich verzichte jetzt während der 40-tägigen Fastenzeit auf Kuchen und Süßigkeiten – das fällt mir unheimlich schwer, und ich bitte um Unterstützung, damit ich es durchhalte.)

Das wird dir sehr guttun, wenn du weniger Zucker zu dir nimmst. Es wird sich positiv auf deine körperliche Gesundheit auswirken und auf dein seelisches Befinden. Du wirst spüren, daß du dich freier fühlen wirst, denn das Verlangen nach Zucker ist eine Abhängigkeit, die dich bindet und schwach macht.

Bitte nur um unsere Hilfe, und wir werden sie dir geben. Du kannst diese Fastenzeit leicht bewältigen. Für deinen Verzicht wirst du sehr wohl belohnt werden. Allerdings nur dann, wenn du nicht um des Lohnes willen verzichtest, sondern um des Verzichtes willen.

(Das tue ich.)

Ja, ich weiß das. Ihr seid so sehr auf Konsum eingestellt, daß ihr nur selten noch daran denkt, bewußt auf etwas zu verzichten. Das ist eine gute Übung. Es ist egal, ob es sich dabei um Nahrung, Fernsehen, Schlaf, „Unterhaltung" oder was immer handelt. Ihr könnt z.B. auch einmal darauf verzichten, etwas haben zu wollen, euren Standpunkt zu verteidigen, ärgerlich oder wütend auf jemanden zu sein, euch gehenzulassen usw.

Übt, übt, übt! Wie ich schon einmal sagte, und ihr wißt das selbst sehr gut, *Übung macht den Meister!*

Übt mit aller Kraft und Entschlossenheit, und Wunder werden geschehen. Ihr ahnt nicht, wie sehr es sich lohnt! Das Paradies steht euch offen. Jetzt in diesem Moment!!

Entschließt euch einzutreten, es liegt nur an euch selbst. Zögert nicht.

4. Das Paradies wartet

20. 2. 2002   Deine Herkunft ist göttlich

Wir grüßen alle wunderbaren Kinder des Lichtes, die ihr seid.

Haltet inne und spürt den Frieden, der in euch ruht. Seid für einen Moment still und richtet eure ganze Aufmerksamkeit nach innen! ....

Was habt ihr vernommen? Habt ihr die leise, feine Stimme gehört, die euch stets Führung und Hilfe gibt, wenn ihr sie beachtet? Nehmt euch regelmäßig die Zeit, auf diese Stimme zu hören. Sie weiß alles, was ihr wissen müßt, sie kann euch jede eurer Fragen beantworten. Sie steht in Verbindung zur kosmischen Weisheit. Nichts ist ihr verborgen, nichts ein Rätsel. Versäumt es nicht, auf diese weise, wissende Stimme zu achten.

Seid glücklich!

Befreit euch von den Bindungen der Welt!

Ihr seid wahrlich alle Götter. Jeder einzelne, den diese Botschaft erreicht.

Ja, ich spreche zu dir. Ich weiß genau, welche Gedanken du hast, welche Gefühle in dir sind, wie es um dein Herz bestellt ist. Ich kenne dich sehr genau. Denn wir sind nichts Getrenntes oder Verschiedenes. Du hast alles Licht in dir, trägst alle Weisheit in dir, bist ebenso eine Verkörperung der Wahrheit wie ich, wie wir alle.

Erkenne, wer und was du bist!

Du sagst, es gibt Milliarden von Menschen, jeder ist ein Individuum, alle sind verschieden. Das scheint nur so zu sein. Es ist nur die Form, die du siehst. Die Formen sind unterschiedlich, aber alle diese Milliarden Menschen sind EIN Licht, EINE Liebe, EINE Wahrheit. Die Essenz ist bei allen dieselbe. Alle entspringen dem einen Ursprung, alle entstammen derselben Quelle.

Schaut nicht auf die Unterschiede, die zwischen euch herrschen, sondern seht das, was euch vereint!

Ihr seid mutig, stark und strahlend. So lebt und handelt auch entsprechend. Benehmt euch so, wie es eurer Herkunft entspricht. Eure Herkunft ist göttlich, also sollte euer Leben ein göttliches sein, d.h. ein Leben voller Liebe und Wahrheit.

(Ich bin immer noch nicht fit, habe starke Bronchitis und fühle mich total schlapp.)

Wenn dir nach Ruhe ist, solltest du dir diese Ruhe wirklich gönnen. Du brauchst sie. Es wandelt sich einiges in dir, dafür ist die Ruhe notwendig. Wehre dich nicht dagegen. Glaube nicht, daß du „schwach", „faul" oder „träge" bist. Es ist eine natürliche Bremse, die es ermöglicht, daß die inneren Veränderungen vor sich gehen können. Zu viele äußere Aktivitäten, solche alltäglichen Dinge wie einkaufen, putzen, Auto fahren, erschweren die Arbeit. So habe kein schlechtes Gewissen wegen deiner vermeintlichen Faulheit. Du spürst doch, daß du gar nicht anders kannst.

(Ja, heute war ich so schlapp, daß ich einfach kaum etwas tun konnte, so habe ich nur „rumgehangen" und praktisch nichts zuwege gebracht.)

Das ist in Ordnung. Mach' dir deshalb keine Gedanken. Es wird bald wieder anders sein.

Wir umarmen dich und wünschen dir eine gute Nacht.

22. 2. 2002   Dankbarkeit

(Ich bin leicht verzweifelt. Hilarion, ich höre dich nicht!)

Ist das nicht meine Stimme, die du hörst? Hab' Vertrauen. Du kannst mich immer hören, wenn du dir Zeit nimmst, still zu sein und konzentriert in dich hineinzuhören.

Wir versichern euch, daß ihr *alle* diese innere Stimme habt, und wenn ihr übt, kann ein jeder von euch sie hören.

(Ich höre nichts. Ich weiß nicht, was ich schreiben soll.)

Du brauchst nicht zu überlegen. Laß es einfach fließen, dann „kommt" schon etwas. Jetzt spürst du es, nicht wahr? (Ja.)

So können wir dir wieder etwas übermitteln, von dem wir wünschen, daß viele Menschen es ebenfalls erfahren.

Bescheidet euch mit den kleinen Dingen, die ihr habt. Es ist nicht gut für euch, immer noch „mehr" und „mehr" zu wollen, wenn es materielle Dinge betrifft, aber auch was die nicht materiellen Dinge betrifft. Schaut einmal genau hin, was ihr schon besitzt! Welche Reichtümer euch zu eigen sind. Jetzt in diesem Moment.

Nehmt euch die Zeit, darüber nachzudenken, was ihr alles habt. Dankbarkeit wird in eure Herzen einziehen, wenn ihr erkennt, daß dies alles göttliche Gaben sind. Schaut, in welchem Überfluß ihr lebt.

Das alles könnte in einem einzigen Moment weggenommen werden. Wenn ihr Bilder seht von Überschwemmungen, Erdbeben, Feuersbrünsten, dann könnt ihr erkennen, wie vergänglich all das ist, aber auch, wie dankbar ihr sein solltet, all das zu besitzen. Vielen Menschen wird all ihr Hab und Gut in einem Augenblick genommen und vielen sogar ihr Leben hier in dieser Welt.

Für dieses euer Leben solltet ihr die tiefste Dankbarkeit empfinden, denn das ist das größte Geschenk und die größte Gnade, die es gibt.

So könnt ihr folgende kleine Übung machen.

Dank-Übung

Sagt für alles Dank, was euch heute in die Finger kommt, was ihr seht, spürt, erhaltet oder weggebt. Zum Beispiel: Sagt danke für eure Kleidung, danke für das Wasser zum Waschen, danke dafür, daß es warm in der Wohnung ist, danke für dein Bett, das Frühstück, die Zähne zum Kauen, deine Hände, die du bewegen kannst, dankt für eure Kinder, eure Arbeit, die funktionierenden Computer usw.

Ihr werdet so erkennen, wie unendlich viele Dinge es gibt, wofür ihr dankbar sein könnt.

(Fast schelmisch, aber sehr liebevoll:) Nun, was macht deine Küche?

(In den nächsten Tagen steht die Renovierung meiner Küche und des Eßzimmers an.)

Du siehst, ich halte mein Versprechen.

(Ja, aber ich bin wegen meiner Bronchitis immer noch so schwach, daß ich mich nicht fähig fühle, irgend etwas vorzubereiten. Ich bin so schwach, daß ich kaum die Treppen hochkomme!)

Ich sehe das. Ich werde dir die nötige Kraft geben, um alles zu bewältigen. Hab' keine Sorge! Es wird sich alles sehr leicht bewerkstelligen lassen. Mach dir nicht so viele Gedanken deswegen. Wir haben dir versprochen, uns darum zu kümmern. Und so wird es sein.

(Ich tippe heute am 3. 3. 2002 diese Worte in den Computer und meine Küche sowie das Eßzimmer erstrahlen tatsächlich in neuem Glanz!)

Spüre unsere Liebe.

Gönne dir die Ruhe. Du brauchst sie. Habe kein schlechtes Gewissen deshalb. Dein Körper macht eine Wandlung durch, da mußt du ihm genügend Ruhe lassen, um diesen Prozeß zu vollziehen.

(Ich habe wieder einmal den Gedanken, daß ich das alles nur zusammenphantasiere. Wenn ich nur wirklich sicher sein könnte!)

Schau die Ergebnisse an. Das allein zählt! „An den Früchten sollt ihr sie erkennen!" So ist es. An den Früchten könnt ihr die echten von den „falschen Propheten" unterscheiden.

Laß uns gemeinsam eintauchen in unendlichen Frieden und immerwährende Liebe.

Wir segnen euch.

(Ich danke euch allen sehr!)

Wir freuen uns mit dir.

28. 2. 2002   Ein strahlender Tag

Nimm deinen Block und schreibe.

Ich begrüße dich voller Freude. Welch ein wunderbarer Tag ist heute. Spürst du das? Schau, wie die Sonne strahlt! Genauso strahlen auch wir. Unsere Strahlen erreichen euch auch in den entferntesten Ecken eures Planeten. Selbst in der tiefsten Höhle, auf dem Meeresgrund oder der Spitze eines Berges werdet ihr von unserem Licht erreicht. Denn es kommt nicht von außen, sondern es erreicht euch durch euer Herz, so ist es gleich, wo ihr euch gerade befindet.

(Warum läuft es in letzter Zeit nicht mehr oder nur so mühsam?)

Auch das ist in Ordnung so. Es kann nicht immer gleich fließen, auch hier ist ständige Veränderung. Laß dich nicht entmutigen. Wir sind nach wie vor da und stehen an deiner Seite. Unser Licht und unsere Liebe umhüllen dich, auch wenn du es nicht spürst und das Gefühl hast, es gebe keine Verbindung. So vieles geschieht auf für euch (noch) nicht wahrnehmbaren Ebenen und in Bereichen, zu denen ihr (noch) keinen Zugang habt. Und dennoch geschieht sehr viel! Glaubt mir, euer Fortschreiten geht voran, Tag für Tag.

Seid umarmt voller Liebe. Erfreut euch an diesem schönen Tag!

2. 3. 2002   Laß dein Licht leuchten

(Dritter und letzter Tag meiner Küchen-/Eßzimmerrenovierung)

Meine geliebten Brüder und Schwestern, ihr Kinder des Einen Lichtes. Ihr seid wahrlich geliebt. Egal, welche Eigenschaften ihr habt, wie ihr aussieht, gleich, was ihr denkt, fühlt und tut, wir lieben jeden einzelnen von euch zutiefst.

Niemals sollt ihr euch einsam oder verlassen fühlen, denn wir sind in jeder Minute bei euch und begleiten euch durch die Wechselfälle eures Lebens. Wie könnt ihr nur glauben, von Gott und der Welt verlassen zu sein. Das ist *niemals* der Fall. Wir sagen euch das, damit es in euer Bewußtsein dringt und ihr es niemals mehr vergeßt. Die Strahlen der geistigen Sonne scheinen ununterbrochen auf euch herab und dringen in eure Herzen, damit euer Leben erhellt wird und von Freude durchdrungen.

Befreit euch von den dunklen Schwingungen. Glanz und Licht sind euer wahres Gewand. Laßt euer Licht leuchten, wie es eurem Ursprung entspricht.

Wir sind so nah! Spürt unsere Gegenwart! Wir hüllen euch ein in tiefe, bedingungslose Liebe, laßt euch davon tragen und leiten. So werdet ihr im rechten Augenblick das Rechte tun, ohne zu überlegen oder zu zögern.

Jetzt stehen euch alle Türen offen, *jetzt* liegt euch die Welt zu Füßen. Jedoch liegt sie nur einem König zu Füßen, nicht einem, der sich selbst als Bettler fühlt oder als armen Wurm empfindet.

Euer Ursprung ist der Himmel, so solltet ihr leben wie himmlische Wesen, mit Leichtigkeit, Freude und Strahlen! Wie wunderbar ihr seid.

Wir sind jetzt bei euch, um euch auch heute durch den Tag zu begleiten. Seid getragen von unserer innigen Verbundenheit und lacht, wann immer ihr euch daran erinnert. Lacht aus Freude und Dankbarkeit und lacht auch ab und zu einmal über euch selbst. Das wird viel Schwere nehmen.

Wir verabschieden uns mit einem Strahlen und versichern euch nochmals, daß ihr stets unsere Hilfe und Führung habt, nehmt sie an und seid dankbar dafür. – Liebe, Liebe, Liebe.

6. 3.   Der große Wandel

Ich begrüße dich voller Freude.

Ihr steht unmittelbar vor einem Quantensprung in der Geschichte der Menschheit und der Geschichte des ganzen Universums. Bereitet euch darauf vor. Setzt dem Wandel keinen Widerstand entgegen. Freut euch darauf, denn die Zeit, die kommt, wird eine

Zeit sein, in der die Liebe alles Handeln und Denken bestimmen wird. Nichts wird mehr von den dunklen Kräften regiert werden, wie das heute noch der Fall ist. Licht wird euch durchdringen und aus euren Herzen strahlen, so daß das ganze Universum davon profitieren wird.

Wandel ist notwendig für eure ganze Welt, für all eure Systeme, wie zum Beispiel die Wirtschaft, Politik, Erziehung. Die Veränderungen in diesen Bereichen sind längst überfällig und werden sich nun sehr rasch vollziehen.

Die Zeit der Vollendung ist angebrochen. Und ihr und eure Kinder dürft daran teilhaben!

9. 3. Hände Gottes

(Ich habe wieder ein Handlesewochenende organisiert, das bei mir zu Hause stattfindet. Es ist der erste Abend vom Kurs.)

Du kannst etwas aufschreiben.

Auch dieses Mal sind wir hier, um euch bei euren Bemühungen zu unterstützen – bei euren Bemühungen, euch selbst und damit die Wahrheit, die in allem enthalten ist, zu erkennen. Das Wissen um euch selbst und um das, was euch noch als Geheimnis erscheinen mag, wird euch helfen, eure Aufgabe in diesem Leben zu erfüllen. Ob ihr ein Leben habt voller Freude, Glanz und Reichtum oder eines, das ihr als ärmlich, mühsam und mangelhaft empfindet, spielt in der Essenz keine Rolle, sofern ihr eure Rolle gut spielt und euch darin selbst erkennt.

Eure Hände sind die Hände Gottes, und ihr könnt damit wahrlich Herrliches erschaffen. Benutzt sie weise und im Bewußtsein dessen, daß Liebe der Antrieb eures Handelns sein sollte. Wenn ihr die Hand reicht, wird Frieden sein in euch und in dem, der sie annimmt.

Nehmt euch die Impulse, die ihr hier und jetzt bekommt, zu Herzen und tragt sie mit nach Hause. Zur rechten Zeit werden sie verstärkt werden und Taten hervorbringen.

Seht genau hin, hört aufmerksam zu, sonst nehmt ihr die Botschaften, die für euch gedacht sind, nicht wahr.

Wir möchten euch unsere Liebe übermitteln und unsere Achtung für euren Mut, diese Arbeit zu tun. Ihr schaut in eure Hände und blickt dabei in euer Herz. Fürchtet euch nicht vor dem, was ihr darin entdeckt. Alles, was darin zu finden ist, gehört zu euch, ist Teil eures Seins. Schaut es wohlwollend an, geht gütig mit euch selbst um.

Ihr seid wunderbare, liebenswerte Wesen, jeder einzelne von euch. Wir segnen diese Gruppe und hüllen euch jetzt ein in unser strahlendes Licht.

13. 3. 2002   Sananda spricht

Hier spricht Sananda. Ich grüße dich. Auch ich bin einer der Aufgestiegenen Meister und möchte dir eine Botschaft übermitteln.

Wir stehen hier im Licht und sehen euer tägliches Streben und Bemühen. Laßt euch versichern, daß es nicht umsonst sein wird. Beherzigt all das, was ihr bereits von uns, euren großen geistigen Führern, mitgeteilt bekommen habt.

Wenn ihr bereit seid, so zeigt das Universum einen Widerhall dieser eurer Bereitschaft und ist im selben Moment ebenfalls bereit, euch in Liebe zu empfangen.

(Sananda, wer bist du und warum sprichst du heute und nicht Hilarion?)

Für euch ist es gleichgültig, wer zu euch spricht, wenn ihr nur die Worte in eure Herzen aufnehmt. Was macht es für einen Unterschied, ob das, was ihr hört, von Hilarion, Sananda oder einem anderen geistigen Führer stammt? Wichtig allein ist, daß ihr *hört*!

Hört unsere Worte, hört die Botschaft!

Ich habe ebenfalls schon viele Male auf der Erde gelebt als Mensch mit bestimmten Aufgaben und einem bestimmten Ziel.

Eines meiner Leben war das eines griechischen Königs, das ich dazu genutzt habe, Herrschen und Dienen in Harmonie zu bringen und in einer Person gleichzeitig zu verkörpern. Meine Untertanen hatten ein gutes Leben ohne Kriege, Hunger und Angst. Als dann eine große Naturkatastrophe über mein damaliges Volk herein-brach, konnte ich durch meine innige Verbindung zur geistigen Dimension und durch meine große geistige Kraft schlimmstes Übel verhindern und es ging „glimpflich" für die Menschen aus. Sie erkannten, daß hier starke geistige Mächte am Werke waren, und verehrten mich danach noch mehr.

Eine Prüfung für mich war, meinen daraus erwachsenden Stolz zu beherrschen. Die Menschen damals hatten ein gutes Leben, sie hörten auf das, was ich ihnen sagte, und aus diesem selben Grunde spreche ich jetzt zu euch.

Es *gibt* diese geistigen Sphären, wir leben tatsächlich „dort", in einer Welt der Liebe und des Lichtes und nehmen von da aus Teil an eurem irdischen Leben. Wir begleiten euch bei euren Erfahrun-gen, sowohl den „schönen" als auch den „schlimmen".

Hört genau auf das, was zu euch gesagt wird, was ihr auf wel-chem Weg auch immer als Mitteilung empfangt. So viele Botschaf-ten werden euch gegeben, doch ihr nehmt nur einen kleinen Teil dessen bewußt auf. Schult eure Aufmerksamkeit, dann könnt ihr sie erkennen und euch danach richten.

Ihr könnt mich spüren als wohltuende Wärme im Herzen. Mir ist große Sanftmut zu eigen und ich lasse jetzt Liebe zu euch fließen, so daß ihr gestärkt und behütet durch den Tag gehen könnt.

Ich verabschiede mich und werde wiederkommen. (Danke!)

28. 3. 2002   Beharrlich bleiben

Guten Morgen, meine wunderbare Schwester. Wir haben lange nicht miteinander gesprochen. Dieser herrliche sonnendurchflutete Morgen ist ein Zeichen für den Aufbruch in eine neue erfüllte Zeit.

Laßt euch nicht entmutigen von „negativen" Nachrichten, die ihr hört, und durch scheinbar Furchtbares, das ihr seht.

5. Quellen der Freude

12. 4. 2002   Frauenschenk-Kreise

(Bitte, Hilarion, kannst du etwas zu den Frauenschenk-Kreisen sagen?)

Ja, hört meine Worte, die ich euch jetzt übermittle. Hört sie nicht nur mit den Ohren, sondern nehmt ihren inneren Gehalt auf, und zwar mit euren Herzen und eurem Gefühl.

Wir, die Große Weiße Bruderschaft der Aufgestiegenen Meister, geben euch *jetzt* die Möglichkeit, wirklich aus dem Mangel, gleich welcher Art, herauszutreten und die ganze Göttliche Fülle und den Großen Kosmischen Reichtum zu *erschaffen*. Denn das tut ihr, und das sollte euch auch klar sein: Ihr selbst seid es, die die Fülle und den Reichtum erschaffen, und ihr seid es, die den Fluß vorantreiben oder hemmen. Es ist eine einmalige Gelegenheit für jede von euch, das Geld, diese wunderbare Energie, die sie ist, wenn sie positiv eingesetzt wird, so zu verwenden, wie es für euch dienlich ist.

Ihr seid fähig zu erschaffen, zu schenken, zu geben, und ihr seid fähig zu empfangen, zu nehmen. Dieser Kreislauf bringt Fülle und *Erfüllung*. Der Schenkkreis selbst ist ein Geschenk. Ein Geschenk des Geistes, das eure innere Weisheit euch macht.

Ihr könnt beim Durchschreiten des Kreises lernen und erfahren, wie der Reichtum des Geistes den materiellen Reichtum entstehen läßt und erschafft.

Jeder Ring des Kreises ist eine andere Schwingungsebene. Der äußere Ring mit seinen 8 Feldern sammelt aus dem Kosmos die Energie und bringt sie auf die Ebene der Erde. Er ist das Symbol für dich, deine Energie, die in alle Richtungen zerstreut wird, zu sammeln und auf das Eine Ziel zu richten.

Die Ebene der irdischen Welt entspricht dem zweiten Ring mit seinen 4 Feldern. Wenn du diese Ebene, d.h. die Welt mit ihren Erfahrungen, „bewältigt" hast, kommst du in den Ring mit 2 Feldern. Dort gibt es nur noch dich und Gott. Das ist die nächste Stufe, aber es ist noch nicht die vollständige Erfüllung, denn es gibt noch dich und „das andere". Es sind noch zwei.

Erst wenn du dich von der Vorstellung lösen kannst, daß es irgend etwas außerhalb von dir gibt, kannst du in das Bewußtsein der Einheit kommen. Das ist der Mittelpunkt des Kreises. Wenn du dort angelangt bist, hast du das Ziel erreicht und bist Eins geworden. Nun kannst du dich entschließen, ins Zentrum einzutauchen oder einen neuen Zyklus zu durchschreiten. Das ist deine freie Wahl.

Ihr seht, dieser Kreis ist ein wunderbares Symbol eurer ganzen Entwicklung, und genau dafür könnt ihr ihn benutzen. Der Fluß des Geldes ist nur ein äußeres Zeichen, welches euch anspornen und als Symbol für den inneren Reichtum dienen soll.

Geht sehr aufmerksam mit allem um, was ihr auf jeder Ebene des Kreises erfahrt. Wenn ihr nicht nur seht und hört, sondern wahrlich schaut und lauscht, auf alles, was euch beim Durchschreiten des Kreises von der kosmischen Weisheit mitgeteilt wird, so werdet ihr im Mittelpunkt gestärkt, gewachsen und gereift sein.

Wir segnen euch und all jene, die den Kreis betreten.

In den Kreis einzutreten, ist ebenfalls ein Symbol. Ein Symbol dafür, bereit zu sein, sich zu entwickeln und weiterzuschreiten auf dem Weg.

Fülle und Reichtum sind ohne Grenzen.

Auch Liebe ist grenzenlos und in überwältigendem Maße stets vorhanden.

Wir begleiten euch auf eurem Weg, dem inneren und dem äußeren, mit all unserer Liebe. Denkt daran: Bei jedem Schritt, den ihr tut, im Leben wie in diesem Kreis, sind wir bei euch, stehen an eurer Seite und hüllen euch ein in unsere Liebe und Kraft!

Nehmt das Geschenk des Kreises voller Freude und mit tiefer Dankbarkeit an!

(Ich danke dir sehr, Hilarion!)

15. 4. 2002   Ein Vulkan voller Kraft

(Ich sitze mit dem Stift in der Hand und warte.)

Warum schreibst du nicht? Ich bin bereit, und du bist es jetzt auch.

(Ich bin ganz verzweifelt, weil ich nichts mehr „höre" und das Gefühl habe, daß es überhaupt nicht mehr gut fließt. Habe ich mir die ganze Kommunikation mit Hilarion doch nur eingebildet?)

Nein, *ich bin da!* Höre mich nicht nur, sondern spüre die Kraft, die ich besitze. Diese Kraft kann auch dir behilflich sein. Deshalb nimm dir einen Augenblick Zeit, sei still und spüre in dich hinein. Nimm dort in deinem tiefsten Inneren diese Kraft wahr. Sie ist es, die dich stärkt, anspornt, dir Leben und Antrieb gibt. Du kannst niemals Kraft von außen bekommen, alle Stärke kommt aus dir selbst. Wichtig ist, daß du dieser Kraft vertraust und sie nutzt. Sieh dich *niemals* als schwach oder hilflos an, denn das bist du nicht.

Wir, die Aufgestiegenen Meister des Lichtes und der Weisheit, stehen hier und sehen euer ganzes Potential, das ihr in euch tragt. Wir sehen aber auch, daß ihr nur den kleinsten Teil davon nutzt und für euch einsetzt.

Erinnert euch daran, wie stark ihr in Wahrheit seid!

Du bist ein Vulkan von unendlicher Kraft! Nimm das als Bild für deine Meditation und du wirst spüren, wie das Bewußtsein deiner Kraft wachsen wird. Nichts ist dir unmöglich, wenn du dich direkt mit der innersten Quelle verbindest. Deine innere Kraft ist dein Lebensspender und der Quell der Freude.

Stärke deine Seele, dann wird deine Kraftquelle stärker sprudeln. Stärken kannst du deine Seele durch alles, woran du wirklich Freude hast und wo du mit dem Herzen dabei bist. Zum Beispiel durch Gebete und Meditation, durch diese stillen Momente, in denen es nur dich gibt und du ganz versunken bist. Und natürlich durch den Kontakt zu uns, deinen geistigen Brüdern und Schwestern.

Wenn du begriffen hast, daß allein deine eigene innere Kraft alles bewirkt, wirst du sie auch bewußt und gezielt einsetzen können.

Wir tun das *jetzt* in diesem Augenblick.

Sei dir bewußt, wie stark du bist! Nutze diese Kraft! Erschaffe damit das, was dir und dem Wohle aller dient. Erinnere dich an die ungeheure Kraft des Vulkans und setze sie bewußt ein!

18. 4. 2002   Wahrhaftigkeit

Verstehe, daß es wichtig ist, den Dingen ins Auge zu sehen.

Was hast du davon, nicht hinzuschauen und dir selbst etwas vorzumachen, d.h. dich selbst belügen zu wollen, was in Wirklichkeit nicht möglich ist. Dein Selbst – das bist *Du selbst* – weiß alles über dich. Wie kannst du glauben, etwas vor deiner inneren Wahrheit verheimlichen zu können?! Wie töricht das ist! Also bemühe dich, ehrlich zu sein, zuerst dir selbst gegenüber und auch allem anderen gegenüber.

Aufrichtigkeit ist ein Wesenszug, den du stärken und pflegen solltest.

Du bist du selbst, das ist so und daran ist nicht zu rütteln. Warum schaust du nicht einfach hin und betrachtest voller Liebe, was du siehst. Du bist du selbst, das ist die Wahrheit und das Wichtigste für dich überhaupt. Etwas anderes zählt nicht. Du bist du selbst – daran solltest du dich stets erinnern, und das solltest du auch wirklich sein.

Sei du selbst! Beende deine Bemühungen, dich zu etwas anderem machen zu wollen als dem, was du bist. Du kannst dich nicht verbessern! Du bist schon vollkommen, so wie du bist! Es gibt an der Schöpfung, du bist ja wahrhaftig ein „Geschöpf", nichts nachzubessern. Also stehe zu dir und habe den Mut, du selbst zu sein! Es kann dir nichts dabei passieren.

Wir, deine geistigen Brüder und Schwestern, sehen dich immer so, wie du bist. Wir lassen uns nicht von euren persönlichen Spielchen täuschen oder uns etwas vormachen. Doch ihr müßt lernen, hinter die Fassade zu schauen, um ebenso die innere Wirklichkeit zu entdecken.

19. 4. 2002   Glückseligkeit

Seligkeit ist eine Form des Geistes.

Wir können euch versichern, daß ihr alle die Fähigkeit besitzt, diesen Zustand zu erlangen. Es ist nur ein winzig kleiner Schritt von eurem jetzigen Zustand des Nichtwissens in den Zustand der Glückseligkeit. Sobald ihr wißt, wer ihr seid, ist im selben Augenblick auch Glückseligkeit da.

Deshalb ist es unsere Aufgabe, euch immer wieder an euer wahres Sein zu erinnern, damit ihr endlich in diese Eine Glückseligkeit eintauchen könnt.

27. 4. 2002   Widerstände

(Am Vorabend hatte ich ein Gespräch mit einer Freundin, die beleidigt reagierte, als sie erfuhr, daß ich etwas getan hatte, was sie nicht erwartet hatte und das ihr so nicht paßte.)

Ich möchte etwas sagen.

Du siehst, der Fluß des Lebens fließt genau in die Richtung, in die er fließen soll, nicht dorthin, wo ihn jemand mit Gewalt haben möchte. Sie kann das Leben nicht zwingen, eine bestimmte Richtung einzuschlagen. Je mehr Druck und Gewalt sie anwendet, um so schwieriger wird es für sie.

Ihre Widerstände gegen den natürlichen Fluß machen es ihr schwer, glücklich zu sein, denn diese Widerstände erzeugen all die Emotionen, mit denen sie sich nicht gutfühlt.

29. 4. 2002   Du lebst!

(Hilarion, Hilarion, Hilarion!)
    Was willst du?
    (Ich will den Kontakt zu dir pflegen.)
    Das ist schön und gut für dich. Ich habe dich erwartet heute morgen. Wir sind stets verbunden.

Dieser Tag bringt etwas Neues, so wie jeder einzelne Moment eures Lebens euch etwas Neues bringt. Daß euch viele Tage und Stunden trotzdem wie eine triste Mühle des ewig Gleichen erscheinen, liegt daran, daß ihr das Neue nicht seht und die Wirklichkeit nicht schaut. Ihr seht nicht, was *ist*, sondern ihr seht eure Vorstellungen davon, eure Erwartungen, eure Interpretationen. Dies alles verdeckt euren Blick auf das, was wirklich ist. Wenn ihr das sehen könntet, erschiene euch jeder einzelne Moment neu, frisch und absolut einzigartig. Nichts wiederholt sich vollkommen. Jeden Augenblick erlebt ihr nur ein einziges Mal und schon ist er unwiederbringlich vorüber. Deshalb nutzt eure Zeit! Nutzt jeden einzelnen Moment! Jetzt! Jetzt! Jetzt!

Nichts anderes ist wirklich als dieser jetzige Augenblick.

Und sei dir bewußt, daß du lebst. *Du lebst!* Wie wunderbar das ist. Nur so hast du die Möglichkeit, Erfahrungen zu machen, dich zu entwickeln und in die Glückseligkeit einzutauchen. Welch ein Geschenk!

Sei bereit, mit uns zu kommunizieren. Setze dich täglich für eine kurze Zeit hin, sei still und wende deine Sinne von der äußeren Welt ab und richte sie nach innen in dein wahres Heiligtum. Hier ist die Tür zur Wirklichkeit. Hier kannst du all das finden, was du seit so langer Zeit in der Welt vergeblich suchst.

Vertraue und öffne einfach dein Herz. Wir helfen dir auf deinem Weg. Unsere tiefe Liebe begleitet dich. Laß uns dir helfen, wann immer du der Hilfe bedarfst. Nimm Kontakt zu uns auf und schon stehen wir bereit.

Spüre jetzt, wie unsere Liebe zu dir fließt, dich stärkt und erhebt.

6. Die Freiheit des Bewußtseins

7. 5. 2002   Schulung des Geistes

Freude, Freude, Freude! Du hast sie soeben genauso gespürt wie ich, nicht wahr? Sie sollte uns und euch ständig miteinander verbinden. Freude ist Leben. Ein Lachen kann heilsam sein und ein Lächeln, das aus dem Herzen kommt, Wunder bewirken.

Warum geht ihr mit solch ernsten Gesichtern durch die Welt? Glaubt ihr, es gäbe nichts zu lachen? Ihr irrt euch sehr! Wenn ihr wolltet, könntet ihr allen Dingen ein Lächeln schenken. Ihr richtet eure Aufmerksamkeit jedoch auf die dunkle Seite der Angelegenheit und seht daher die lichte Seite nicht.

Lernt, euren Blick auf das Licht und das Gute zu richten, dann wird es auch in euch gestärkt werden. Es ist richtig, die Dinge zu sehen und nicht wegzuschauen. Aber es ist ein großer Unterschied, ob ihr euch dadurch herunterziehen laßt oder ob ihr davon unberührt bleibt bzw. hinter die Dinge schaut und die Illusion und Vergänglichkeit darin erkennt.

Wir fragen euch mit großer Eindringlichkeit: Wollt ihr euch weiterhin täuschen lassen von der äußeren Welt oder seid ihr jetzt bereit, die Wirklichkeit zu erkennen?

Sagt ihr, ich bin bereit, so stehen euch unverzüglich alle Hilfen der geistigen Welt zur Verfügung, die ihr braucht.

Wir haben eine wunderbare Gemeinschaft, ihr, die ihr noch die Welt erfahren müßt, und wir, die wir auf dieser Seite des Vorhanges sind und euch stets hilfreich zur Seite stehen. Wann immer ihr glaubt, ein Problem zu haben oder nicht mehr weiter wißt, denkt an diese innige Verbindung, die zwischen uns besteht, und sagt, daß ihr Hilfe braucht!

Wir helfen euch! Das ist gewiß.

(Ich habe vorletzte Nacht geträumt, ich hätte materialisiert. Das würde ich tatsächlich gerne können, aber mein Verstand sagt, daß ich das nicht kann – obwohl ich weiß, daß es geht. Die Meister können es ja auch!)

Das war ein wichtiger Traum, denn du hast deutlich deine innere Haltung dabei gespürt. Dies wird dir helfen, es auch im „Wachzustand" tun zu können.

Es ist keine Frage, daß du das tun kannst. Jeder könnte es, wenn sein Geist genügend geschult wäre. Ohne Schulung des Geistes könnt ihr keine (gezielten und bewußt gewollten) geistigen Taten vollbringen. Ein geschulter Geist jedoch ist wahrlich in der Lage, Wunder zu bewirken und Berge zu versetzen. Deshalb solltet ihr sinnvoll mit eurer so kostbaren Zeit umgehen und einen Großteil der Geistesschulung widmen. Ihr werdet sehr rasch Veränderungen bemerken, wenn ihr das regelmäßig tut.

Was heißt „Schulung des Geistes"? Es bedeutet zuerst einmal, daß ihr euch eurer Gedanken bewußt seid und sie gezielt, d.h. auf ein Ziel gerichtet, einsetzt. Denkt aufbauend und konstruktiv.

Eure Gedanken sind die Baumeister der Welt.

Zum zweiten ist es wichtig, die inneren Sinne zu schulen. Schärft eure innere Wahrnehmung. Übt, in der Stille zu sitzen.

Zum dritten werdet Meister eurer Gefühle. Laßt euch von ihnen nicht hin- und herwerfen wie ein vom Sturm verwehtes Blatt.

8. 5. 2002   Die Macht der Gedanken

Willst du schreiben?

(Ja.)

So wünsche ich dir zunächst einen wunderbaren Tag, angefüllt mit Freude und Neugier. Es ist wichtig, wie du den Tag beginnst. Du bringst ein Steinchen ins Rollen durch deine ersten Gedanken nach dem Aufwachen, und entsprechend kommt eine Lawine wohltuender oder schwächender Gedanken und Gefühle in Bewegung.

Sei dir bewußt, wer du bist! Denke göttliche Gedanken, denke große und kraftvolle Gedanken, dann kann nichts Schwaches oder Kleines zu dir kommen. Wir unterstützen euch durch unsere machtvollen Gedanken, die in euch das Licht stärker erstrahlen lassen.

Euch ist immer noch nicht völlig klar, *wie* machtvoll eure Gedanken sind, daß ihr damit fürwahr schöpferisch tätig seid *in jedem Moment*. Macht euch das bewußt!

Ihr seid frei! Nur eure Unwissenheit legt euch Fesseln an, Fesseln und Beschränkungen, die ihr als solche empfindet, die aber nicht wirklich existieren. Ihr seid eingesperrt in einen Käfig aus euren Illusionen und Vorstellungen. Tretet daraus hervor! Wir sagen euch, es ist wunderbar, ohne solche Fesseln zu leben, wirklich frei und im vollen Bewußtsein seiner selbst.

Voller Liebe und Anteilnahme wollen wir euch bestärken, nicht nachzulassen in eurem Bestreben. Werft eure Fesseln ab! Erkennt, wer ihr seid! Was ihr könnt! Was ihr habt!

Unendliches Mitgefühl strömt euch in diesem Augenblick zu. Seid unserer Hilfe gewiß. Selbst wenn ihr nichts „hört", nichts „seht", nichts „spürt", so wißt doch, daß wir bei euch sind und euch liebevoll begleiten.

Manch einer von euch geliebten Brüdern und Schwestern des Geistes spürt uns bereits sehr deutlich, andere werden dies auch bald tun, wenn ihr immer wieder den Kontakt zu uns aufnehmt.

Laßt euch nicht ängstigen durch was auch immer in der äußeren Welt geschieht. Beim größten Sturm im Außen ist es um so wichtiger, in der inneren Ruhe zu verweilen. Nur so könnt ihr die Stürme des Lebens bewältigen und stark daraus hervorgehen.

In eurem Innersten liegt ein stiller, klarer See. Laßt ihn nicht aufwühlen von oberflächlichen Emotionen und Angelegenheiten der materiellen Welt. Bleibt innerlich ruhig und gelassen, seid wie die stille Oberfläche dieses Sees und dankt ab und zu dafür, daß ihr dieses Leben habt.

Wir segnen euch. Wir achten euch so sehr. Habt Dank.

(Ich danke dir, Hilarion! Auch für die Geduld, die du mit mir hast. Danke, danke, danke! Jetzt bin ich ganz gerührt!)

Ja, das spüre ich. Es ist schön, so tief verbunden zu sein. Welch eine Freude! Gib sie weiter und höre nie auf, das auszustrahlen, was in dir ist! Ich danke dir.

9. 5. 2002   Sei empfangsbereit

Sananda spricht. Gegrüßt seist du an diesem wunderbaren Morgen. Ich möchte dir etwas mit auf den Weg in den Tag geben.

Sei bereit!

Deine innere Haltung sollte stets empfangsbereit sein, denn du weißt nicht, welcher Augenblick dir die vollkommene Freude bringen wird. Es kann *jetzt* sofort geschehen.

Ich stehe dir ebenso liebevoll zur Seite wie Hilarion und freue mich, mit dir kommunizieren zu können. So sage ich dir nochmals: Sei im Herzen bereit, alle Gaben des Geistes zu empfangen. *Jetzt* ist eine große Zeit, die solche Veränderungen bringt, daß euch nur das Bereitsein die Möglichkeit gibt, die Dinge und Mitteilungen zu empfangen, die notwendig sind für euren ungehinderten Fortschritt und das Eingehen ins unendliche Gewahrsein.

Ich betrachte euch mit liebevoller Anteilnahme und möchte euch zusichern, daß wir bei euch sind und euch manches abnehmen von euren Lasten, auch wenn ihr euch dessen nicht bewußt seid. Ich schließe euch in meine Arme, spürt, wie die Liebe uns verbindet.

13. 5. 2002   Buddhas Erleuchtung

Ich schicke Strahlen meiner Liebe zu dir! Gesegnet sei dieser Tag!

Buddha erfuhr an diesem Tag Erleuchtung, und so kann jeder von euch ebenfalls *jetzt* Erleuchtung erlangen. Buddha steht für euch als Vorbild und Beispiel. Er zeigte, daß es möglich ist, daß absolutes Bewußtsein erlangt werden kann in dieser Welt mit diesem Körper.

Gebt eure Illusion des Getrenntseins auf! Gebt eure einengenden Vorstellungen von „dies und das" und „so oder so" auf!

Laßt Liebe in und aus euren Herzen strömen. Handelt stets in Demut und Achtung vor jedem Wesen.

(Ich bitte um eine Botschaft für den heutigen GMG-Abend bzw. für eine Meditation.)

Ich bin *jetzt* da. Spürt meine Gegenwart....

Spürt ihr die Liebe? Wärme? Kraft? Energie? Ihr könnt nur das wahrnehmen, was in euch ist. So könnt ihr meine Liebe nur deshalb spüren, weil Liebe in euch ist, Kraft, weil Kraft euch innewohnt. Ihr spürt jeweils genau das, wofür ihr aufnahmebereit seid, weil in euch etwas angesprochen wird.

Das gilt für jegliches Gefühl, sei es „gut" oder „schlecht". So gilt es für die edelste Liebe wie auch für den abgrundtiefen Haß. Es kann auch etwas Altes widerhallen, etwas aus der Vergangenheit, das im Grunde längst erledigt ist, ihr aber nicht gehen laßt, weil ihr es so gewohnt seid oder weil es euch einfach nicht bewußt ist. Laßt es gehen! Die Vergangenheit ist vergangen. *Jetzt* lebt ihr! Genießt diesen Jetzt-Moment. Er ist die Ewigkeit.

(Ich frage nochmals wegen einer Meditation für heute abend.)

Meditation

Seid ganz still. Seht euren inneren Thronraum und einen goldenen Sessel, auf dem ihr sitzt. Ihr seid der strahlende König, der dort sitzt! Seht und spürt dieses Strahlen! Strahlendes Licht und strahlende Liebe. Aus diesem Stoff ist alles gewebt. Spürt, wie herrlich es ist, nur aus Liebe und Licht zu bestehen und dies überallhin auszustrahlen. Schließt alles darin ein. Laßt die Liebe und das Licht ausstrahlen auf alles, was euch in den Sinn kommt: Menschen, Tiere, Pflanzen, Steine, Gestirne, Dinge, Ereignisse, Gedanken, Gefühle.

Stellt euch einen Menschen vor, mit dem ihr Schwierigkeiten oder Probleme habt und hüllt ihn in diese Liebe ein und seht, wie sie aus seinen Augen zu euch zurückstrahlt. Noch nie zuvor habt ihr in den Augen einer Person so viel Wärme und Güte gesehen.

Nun schaut euch selbst, sitzend auf dem Königsthron, in die Augen und erblickt auch darin diese unermeßliche, alles einschließende Liebe, wie sie euch zuströmt und emporhebt. Und auch in eurem Blick liegen tiefe Liebe und Güte für euch selbst.

Ihr fühlt euch jetzt ganz frei, leicht und vollkommen zufrieden. Spürt das warme Feuer in eurem Herzen und wie wohltuend das ist. Ihr wißt nun, daß euer innerer Gott euch stets mit liebenden Augen betrachtet. Diese inneren Augen beurteilen nicht und verurteilen nicht, weil sie euch so sehen, wie ihr wirklich seid. Laßt dieses Wissen in euch wirksam sein und erinnert euch immer wieder daran.

Nehmt das Bewußtsein des Strahlens mit und tretet heraus aus dem Thronraum eures Herzens. Laßt dort jetzt eine Blume erblühen, die, mit weit geöffneten Blütenblättern, allezeit Liebe und Licht aufnehmen und ausstrahlen kann.

Atmet bewußt ein und erkennt, daß ihr dieses Licht und diese Liebe seid! Atmet es bewußt in jede Zelle und seht, daß ihr mit jedem Atom im Universum verbunden seid. Atmet ein und bewußt tief aus und sendet damit euer Strahlen aus zu allem, was ist.

Ein Moment der Stille wird euch *jetzt* den Frieden des Geistes bringen.

16. 5. 2002   Das Buch wächst

Jetzt bin ich hier. Du spürst mich genau. Schreibe etwas auf zu unserem Buch.

Ich wünsche, daß du es so übernimmst, wie es für dein Herz in Ordnung ist. Du sollst weder Gefühle der Scham noch des Bedauerns empfinden, wenn du das fertige Buch in Händen halten wirst. Freude und Stolz dürfen dich erfüllen. Wenn du es für dich als richtig und stimmig empfindest, so ordne den Text nach Themen, aber reiße nicht alles auseinander. Es reichen einige wenige große Kapitel.

(Das habe ich probiert, es war aber nicht stimmig, so habe ich es bei der chronologischen Reihenfolge belassen.)

Die Einleitung könntest du dahingehend abändern bzw. ergänzen, als du etwas genauer darüber schreibst, wie du meine Energie wahrnimmst und was du in dir spürst bei unseren Dialogen.

Nimm das heraus, wobei du kein gutes Gefühl hättest, wenn du es drinnen läßt.

Egal, was du tust, am Ende ist es gut! Vertraue auf meine Führung und laß dich von der inneren Stimme leiten. Fange an, ich werde dir die rechte Ordnung zeigen. Mach es dir nicht so schwer und kompliziere es nicht durch viel Kopfarbeit! Gehe mit Liebe und Freude daran, dann wird es wunderbar werden.

(Ich danke dir sehr, Hilarion!)

Sei guten Mutes, du schaffst das! Liebe ist mit dir.

3. 6. 2002   Wie eine strahlende Sonne

Guten Morgen, sei gegrüßt! Ich möchte dir eine Botschaft zukommen lassen. Du kannst beginnen, so schreibe.

Alles ist mit allem verbunden!

Jeder Gedanke, den ihr denkt, jedes Gefühl, das ihr habt, hat Einfluß auf das Ganze. Und da jedes einzelne Wesen Teil des Ganzen ist, nehmt ihr mit euren Gedanken und Gefühlen Einfluß auf jedes „andere" Wesen.

Welch eine Verantwortung! Macht euch das bewußt!

Wir, die Meister des Lichtes und der Wahrheit, lassen Liebe und Weisheit wirken, ihr hingegen verursacht durch viele negative Gedanken und Gefühle Auswirkungen, die ihr als negativ empfindet und bewertet. Wichtig ist, daß ihr euch klarmacht, daß ihr keine isolierten Wesen, sondern alle aufs Innigste miteinander verbunden seid.

(Ich bitte um eine Botschaft für den heutigen GMG-Abend.)

Ihr möchtet eine Botschaft? Ihr wollt immer noch mehr und mehr! Reicht nicht das, was ich euch bisher gesagt habe, für lange Zeit, um damit zu üben und voranzuschreiten? Habt ihr nie genug?

Aber wie könnte meine Liebe eure Bitte, die aus dem Herzen kommt, abweisen.

So beherzigt Folgendes.

Ich habe schon mehrmals über die Sonne gesprochen. Sie ist ein wunderbares Symbol für euch. Nehmt sie als Bild und entschließt euch, ebenso zu strahlen wie sie! Die Sonne überlegt nicht, ob der eine viele Strahlen verdient hat und ein anderer vielleicht nur ein bißchen Sonnenlicht, ob sie den einen mit Vorenthalten der Sonnenstrahlen bestrafen und jemand anderen mit einer extra Portion belohnen soll. Sie scheint auf alle und alles gleichermaßen, sie macht keinerlei Unterschiede.

Es liegt an euch, ob ihr ins Sonnenlicht geht oder euch in den Schatten stellt. Das ist eure Entscheidung.

So gebt Liebe, Freude, Akzeptanz, bestrahlt alles damit und macht euch keine Gedanken darüber, ob es jemand „verdient" hat oder nicht.

Freut euch, daß *wir* keine solchen Bewertungen vornehmen und Unterschiede machen, so könnt ihr alle gleichermaßen in den Genuß unserer Liebe und Hilfe kommen, wenn ihr euch dafür öffnet.

5. 6. 2002   Sei *jetzt* glücklich

Ruhe ist ein Geschenk des Geistes. Wenn du darin eintauchen kannst wie in einen stillen klaren See, dann kannst du wahren inneren Frieden finden. Dieser ist wichtig in der heutigen Zeit, in der ihr euch so stark nach außen orientiert. Dazu sollte ein Ausgleich geschaffen werden.

Du bist das Einzige, was du besitzt. So solltest du gut mit dir alleine sein können und nicht ständig Ablenkungen brauchen müssen. Du bist so reich, und ich meine hier deinen inneren Reichtum, der dir stets zur Verfügung steht, um daraus zu schöpfen, was immer du im Augenblick benötigst, um dein Leben zu genießen.

Solange du dem Glück hinterherläufst, entzieht es sich dir. Erkenne, daß der jetzige Moment des Lebens alles Glück der Welt in sich trägt! Nur *jetzt* kannst du glücklich sein, nicht „irgendwann", wenn du dir die Bedingungen dafür geschaffen haben wirst. Solange du nach dem Glück strebst, hinderst du dich daran, es zu erleben.

Sieh, daß es da ist – jetzt in diesem Augenblick!

Worauf wartest du? Sei glücklich!

7. Das Alte geht, das Neue kommt

10. 6. 2002   Scham- und Schuldgefühle auflösen

Du darfst etwas aufschreiben. „Darfst" deshalb, weil dein Innerstes dazu die Einwilligung gegeben hat, für uns als Kanal und Mittler zu dienen.

Wie sollt ihr mit Scham- und Schuldgefühlen umgehen? Wichtig ist, sich nicht damit zu identifizieren, sondern sich darüber klar zu sein, daß du das nicht bist. Schau dir dein Gefühl genau an, betrachte es von allen Seiten, aber sage nicht, daß du das bist. Wenn du es dir genau betrachtet hast, dann verabschiede dich davon, laß es dankbar gehen, denn es hat dir wichtige Erfahrungen ermöglicht. Mach dir bewußt, daß du diese Gefühle jetzt nicht mehr brauchst und gut ohne sie leben kannst. Schau ohne Groll, Wut oder Bedauern auf die Situationen zurück, in denen du Gefühle der Schuld oder Scham erlebt hast. Wenn du sie nicht erfahren hättest, stündest du nicht dort, wo du jetzt stehst. Es gehört zu deinem Leben, so nimm es an. Aber *jetzt* ist es nicht mehr notwendig für dich. Jetzt kannst du frei sein, wenn du dich dafür entscheidest.

(Ich spüre im Augenblick sehr stark Hilarions Gegenwart in Form von Kraft und Liebe. Es ist schön und tut mir gut.)

Ja, wir sind alle verbunden. Diese Kraft steht euch allen zur Verfügung. Nutzt sie! Setzt sie ein zum Wohle aller. Euer Einzelkämpfertum ist vorbei. Nur als Ganzes seid ihr eins.

So wie du eben meine Liebe und Kraft gespürt hast, so kann jeder die Kraft und Liebe des Einen spüren, wenn er sich dem öffnet.

Laßt den Alltag ab und zu für einen Moment ruhen und seid ganz still. Lauscht und fühlt nach innen, so wie ein Kind staunend etwas betrachtet, was es noch nie gesehen hat. Alle Gedanken stehen still, keine Erwartung ist da, keine Überlegungen.

Wir freuen uns, wenn ihr euch an uns wendet und unsere Hilfe und Begleitung in Anspruch nehmen wollt. Bittet, so wird euch gegeben. Es ist so einfach! Ihr bittet – wir geben. Aus vollem Herzen, aus der großen kosmischen Fülle, in Liebe und Güte. Ihr habt das Recht, das anzunehmen! Ihr habt es euch wahrlich verdient. Macht euch klar, wie wunderbar es ist, dieses irdische Leben zu leben. Ihr selbst habt euch diese großartige Gelegenheit und Möglichkeit gegeben, durch diese Erfahrung zu gehen und Erleuchtung zu erlangen.

Schuld und Scham gehören nicht mehr zu euch. Ihr habt diese unterwegs auf eurem Weg eingeladen, habt sie intensiv gespürt, jetzt könnt ihr sie getrost gehen lassen, da ihr sie gut kennt. Schaut sie euch nochmals an und macht euch klar: Ja, gut, so sieht die Scham aus. Ich weiß das, ich kenne das, jetzt brauche ich sie nicht mehr. Ich sage danke und lasse sie hiermit frei. Und dann spüre die Freude, endlich frei zu sein!

Ich bin nicht hier und du dort. Wir durchdringen uns. Unsere Schwingung ist dieselbe, wir sind *ein* Bewußtsein, deshalb können wir kommunizieren. Nicht ich spreche und du schreibst, sondern wir als Einheit, als *ein* Bewußtsein denken, sprechen und schreiben diese Worte. Das ist wunderbar und erfüllt uns mit Freude.

(Ja, das spüre ich. Ich danke dir, Hilarion!) Wisse, daß wir immer zusammen sind!

13. 6. 2002   Keine Übungslektionen

(Hilarion, ich wünschte, unsere Verbindung wäre für mich stärker spürbar!)

Sei zufrieden mit dem, was ist! Sei dankbar und genieße das Jetzt!

(Ich frage Hilarion, ob er nicht auch praktische Übungslektionen durchgeben könnte, so ähnlich wie z.B. Shaumbra.)

Das könnte ich tun, aber es ist nicht meine Absicht. Übungslektionen könnt ihr euch an anderen Quellen holen, die sich dafür mitteilen.

Ich komme nicht, um euch Lektionen zu erteilen, sondern um eure Schwingung über meine Worte anzuheben. Allein durch das Lesen und Hören meiner Botschaften werdet ihr angehoben auf feinere Ebenen des Bewußtseins. Es ist nicht erforderlich, daß ihr alles versteht, d.h. daß euer Verstand jedes meiner Worte begreift, sondern es reicht, wenn ihr lest und hört und die Botschaften einfach in eure Herzen sinken laßt. Dort bewirken sie Veränderung.

24. 6. 2002   Zuversicht

(Hilarion, bitte sage mir, warum es mit dem Verlag, an den ich das Manuskript geschickt habe, nicht geklappt hat, obwohl es doch so aussichtsreich zu sein schien und das Buch dem Verlagsinhaber so gut gefallen hat.)

Sei gesegnet, meine geliebte Schwester.

Wie es ist, so ist es gut. Zweifle nicht daran. Ich kann deine Enttäuschung verstehen, aber es gibt keinen Grund dazu. Das Buch wird erscheinen, auch daran solltest du nicht zweifeln. Sei ruhig und vertraue. Alles wird sich wunderbar regeln.

(Ich bin so traurig, weil gestern mein Wellensittich weggeflogen ist, und ich bin Schuld daran, weil ich leichtsinnigerweise die Balkontür offengelassen habe.)

Es geht ihm gut. Er ist in Gottes Hand. Seine Seele ist Teil der Einen Großen Seele, so wie du Teil der Einen Großen Seele bist.

25. 6. 2002   Die Zeit nutzen

Verbringe deine Stunden so sinnvoll wie möglich. Die Stunden fliegen dahin, und du läßt viele davon ungenutzt verstreichen. Sei dir bewußt, daß keine einzige verlorene Minute jemals wiederkommt. Nutze deine Zeit!

(Wie am besten?)

Du könntest wieder beginnen zu malen. Wenn du das tust, werden wir dir wunderbare Inspirationen zukommen lassen. Auch könntest du dich wieder etwas mehr den Zahlen widmen. Auch da werden wir dir helfen, zu neuen Erkenntnissen zu gelangen.

(Ich bin zur Zeit so unzufrieden, außerdem geht es mir nicht gut. Mit meinem Bauch und dem Darm ist etwas nicht in Ordnung, und mir ist fast ständig ein wenig übel. Habe jeden Tag woanders Schmerzen oder irgend etwas mit dem Körper.)

Ja, es passiert viel in und mit deinem Körper. Er wird ein immer feineres Instrument, das gerade neu gestimmt wird.

Die Zeit ist vorbei, da du irgendeine Nahrung unbewußt in dich aufnehmen konntest, ohne eine negative Wirkung zu spüren. Achte sehr gut darauf, was du ißt, und nimm nur das zu dir, was der Körper braucht und möchte, nicht das, was die Gier der Sinne befriedigt.

26. 6. 2002   Schuldgefühle

(Was soll ich schreiben?)

Was dich bewegt, darüber kannst du schreiben. Zum Beispiel, daß du traurig bist, weil dein Wellensittich nicht mehr da ist.

(Ja, das war meine Schuld, weil ich nicht genug aufgepaßt habe.)

Du sagst, du hast „Schuld". Warum lädst du dir das auf? Glaubst du, du kannst das Schicksal manipulieren? Du hast keine „Schuld". Es war dein – hier unbewußter – Entschluß, ihn fliegen zu lassen. Akzeptiere das. Du hast es so gewollt, stehe dazu. Was kann ihm passieren? Er kann nicht sterben. Auch er ist eins mit dem unendlichen Bewußtsein.

Sei glücklich, daß er nun frei ist. Es geht ihm gut!!

30. 6. 2002   Selbstzweifel auflösen

(Hilarion, mein wunderbarer geistiger Bruder, ist unsere Verbindung noch da?)

Ja, natürlich ist sie noch da. Ich war niemals fort, und wir sind niemals getrennt.

Ich habe schon einmal als großer Meister gelebt, als Meister starker, geheimer Rituale und Meister verborgenen Wissens. Heute wird euch das geheime Wissen der Meister durch viele Mittler angeboten, doch ihr müßt es hören und annehmen. Das Wichtigste jedoch ist, daß ihr das Wissen in eurem alltäglichen Leben anwendet und danach handelt. Euer Handeln zeigt, wo ihr steht. Es ist ein Spiegel für das, was in euch ist, was ihr denkt und fühlt.

Spüre mich. Ich bin da. Ich breite meine Arme aus, um dich in Liebe zu umfassen.

(Ich bin fast verzweifelt, weil ich meine, nichts zu hören und nichts zu fühlen.)

Das stimmt nicht! Du hörst, du fühlst! Es ist eine Prüfung für dein Vertrauen, die du sehr wohl meistern kannst, wenn du aufhörst, dich mit deinen Selbstzweifeln zu plagen.

(Wie kann ich denn diese immer wiederkehrenden Selbstzweifel endlich ein für allemal loswerden?)

Indem du darum bittest, daß sie sich in Vertrauen und Liebe umwandeln mögen.

(Was kann ich dazu tun, um bei dieser Umwandlung zu helfen?)

Höre auf, dich selbst zu beschimpfen, höre auf, dich selbst zu kritisieren und schlecht zu machen. Sobald du merkst, daß du das tust, sage: „Das bin ich nicht, Frieden wohnt in mir."

2. 7. 2002   Alte Muster gehen lassen

(Möchtest du zu unserem GMG-Abend etwas sagen?)

Voller Liebe seist du gegrüßt. Vertraue darauf, daß ich immer in deinem Herzen wohne.

Ihr wunderbaren Licht-Arbeiter, laßt nicht nach in eurem Bemühen, Licht in den dunklen Alltag zu bringen, sei es in das Dunkel eures eigenen Lebens oder das Dunkel des Alltags eurer Mitmenschen. Licht ist durchdrungen von Liebe. Sendet ihr Licht aus, so laßt ihr damit auch Liebe fließen, liebt ihr, so erhellt ihr auch das, was ihr liebt.

Und die Welt benötigt euer Licht sowie das Licht vieler, vieler Wesen, die bereit sind, am Aufstieg der Erde mitzuarbeiten.

Es wird bald eine Zeit kommen, da ihr kaum noch wißt, „wo euch der Kopf steht". Seht dem gelassen entgegen. Die alten Orientierungen werden nicht mehr stimmen, alte Denkmuster bringen euch nicht weiter, alte Gefühlsstrukturen behindern euch. So werdet ihr euch von all dem trennen bzw. lösen müssen, und ihr werdet neue Energien spüren und leben dürfen.

Erkennt, was das bedeutet! Welch ein Wandel geschehen wird und bereits geschieht!

Deshalb seid ihr auch unzufrieden, traurig, ärgerlich, vielleicht sogar wütend oder deprimiert. Weil das Alte nicht mehr paßt. Ihr spürt genau, daß etwas Neues kommt, und doch könnt ihr dieses Neue noch nicht sehen. Aber bald, bald wird es sich in seiner ganzen Pracht und Fülle und Herrlichkeit manifestieren! Freut euch darauf! Ihr werdet für die jetzige „harte" Zeit der Vorbereitung unendlich belohnt werden! Ihr könnt es euch nicht vorstellen, da es außerhalb eurer Vorstellungswelt liegt, denn es wird eben ganz neu sein.

So geht ruhig weiter und laßt euch von den alten verwirrenden Gedanken und Gefühlen nicht beirren. Erinnert euch ab und zu daran, daß ihr bereits jetzt großartige Wesen seid, in deren Macht es liegt, eine neue Welt zu erschaffen.

Seid umarmt voller Liebe. Wir stehen hinter jedem einzelnen von euch und behüten euch wohl. Wir danken euch für eure Tapferkeit, mit der ihr auf eurem Weg unbeirrt voranschreitet. Wir segnen euch.

(Ich danke dir, Hilarion!)

6. 7. 2002   Der Körper wird gereinigt

(Was ist mit meinem Körper los? Habe einen dick aufgeblähten Bauch, Übelkeit, Kopfschmerzen.)

Es ist eine Umwandlung im Gange. Du solltest leicht und wenig essen, da viel Energie für diese Umwandlung benötigt wird und für die Verdauung dann nicht genug zur Verfügung steht, wenn du viel und schwer ißt.

Eine Reinigung des Körpers ist nötig, jede Zelle des Körpers muß in ihrer Schwingung erhöht werden. Gehe gelassen durch diesen Prozeß und sei nicht ängstlich. Es kann dir nichts passieren. Wenn du hindurchgegangen bist, wirst du dich wahrlich wie neugeboren fühlen, dein Körper wird ungeahnte Kräfte entwickeln, und du wirst dich wesentlich stärker fühlen als jetzt.

8. 7. 2002   Du bist gesund

(Ich frage nochmals: Hilarion, was ist mit meinem Bauch? Mir ist oft fast übel, habe immer noch Völlegefühl im Bauch, leichtes Brennen, Druck, was ist los? Bist du da? Bitte antworte mir.)

Ja, natürlich bin ich da.

Das mit deinem Bauch wird vorübergehen. Es findet auch hier eine Reinigung statt, und zwar dort, wo sie am nötigsten ist, wo alles, was du aufnimmst, verdaut wird. Das ist deshalb nötig, damit du in Zukunft Dinge aufnehmen kannst und wieder gehen lassen, ohne sie verdauen zu müssen bzw. zu verarbeiten, ohne daß sie dir „schwer im Bauch liegen".

(Ich achte schon so sehr auf meine Ernährung, aber selbst das hilft nichts!)

Es stimmt, daß du über die Ernährung vieles regeln und bewirken kannst, aber letztlich ist alles eine Sache des Geistes. So auch hier. Sobald dein Geist gereinigt ist und dein Bewußtsein erhöht, werden die Beschwerden aufhören. Es ist trotzdem gut und wohltuend für dich, auf das zu achten, was du für den Körper zu dir nimmst. Aber sei nicht frustriert, wenn das nicht so hilft und wirkt, wie du es gerne hättest.

(Ich habe das Gefühl, als ob ein dicker Kloß im Bauch sitzt, der raus müßte und den ich nicht loswerde. Das Gefühl der leichten Übelkeit ist ähnlich wie zu Beginn der Schwangerschaft mit meiner Tochter.)

So ist es. Bald wird etwas Neues geboren werden, mit dem du schwanger gehst.

(Ist mein Bauch nicht krank? Sollte ich zum Arzt?)

Nein! Du bist gesund! Stärke diesen Gedanken in dir.

Du bist gesund!

Und du hast ständig unsere Hilfe und Zuwendung. Glaube fest daran. Nichts mußt du alleine bewältigen. Nimm Hilfen an, die dir geboten werden. Vertraue auf die wunderbare Führung des Geistes.

(Ich brauche *dringend* Geld, *sofort*! Diese Geldnot zermürbt mich doch mit der Zeit und schränkt mich auch so sehr ein. Ich mag das nicht mehr.)

Wir sehen deine Nöte, und wir werden dir helfen. Sei zuversichtlich. Bald wird Geld fließen.

(Ich brauche es *jetzt sofort!*)

Wir wollen dir helfen. Sei offen und achte auf Zeichen, die du bekommst. Es wird alles gut! (Es „wird"?) Es *ist* alles gut, aber im Moment erscheint es dir nicht so.

(Ich spiele mit dem Gedanken, zu einer Heilpraktikerin zu gehen wegen meiner Übelkeit und dem Bauch. Ich bin unentschlossen, und mir fehlt auch das Geld dafür.)

Spüre, was du wirklich möchtest. Du kannst hingehen, es wird dir gut tun, aber es ist nicht nötig.

(Danke, Hilarion!)

Friede ist jetzt da. Friede sei mit dir.

(Nachtrag: ich bin nicht zur Heilpraktikerin gegangen, und die Beschwerden sind nach einiger Zeit völlig verschwunden.)

8. Der inneren Stimme folgen

14. 7. 2002   Laß Gott in dir handeln

(Hilarion, bitte hilf mir. Was soll ich tun? In was soll ich meine Energie stecken? Ich habe das Gefühl, ich stecke in allen Bereichen fest. Nichts läuft mehr. Was und wie kann ich das ändern?)

Indem du losläßt und dich freust auf das, was kommen wird, auch wenn du es noch nicht kennst. Sei gewiß, daß eine wunderbare Zeit kommen wird, in der du deine Bestimmung voll und ganz leben wirst. Wir begleiten dich. Du bist nicht allein. Und du hast auch gerade jetzt vollkommene Führung.

(Ich spüre nichts davon. Wieso bewegt sich überhaupt nichts?)

Weil du mit weltlichen Dingen beschäftigt bist.

(Was soll ich denn tun? Ich habe momentan überhaupt kein Ziel, keine Vision, alles erscheint mir unwichtig und gleichgültig. Mir ist gerade alles ziemlich egal. Habe „null Bock" zu irgendwas und keinerlei Motivation.)

Jammere nicht! Wie könnte dir das weiterhelfen? Akzeptiere deine Lage so, wie sie jetzt gerade ist. Was ist „schlecht" daran? Sie gefällt dir nicht, aber denke nicht, daß sie „schlecht" ist.

(Wo ist das Ende des Mangels, der Reichtum, der versprochen wurde?) Er kommt! Freu' dich darauf!

(Aber ich brauche *jetzt* ganz dringend Geld!)

Du wirst es bekommen. Vertraue uns, deinen geistigen Brüdern und Schwestern. Wir helfen dir. Du sollst keine Not leiden. Wir sind in Liebe verbunden.

(Einige Stunden später..... Hilarion, du hast versprochen, die Verbindung nicht abreißen zu lassen.)

Ja, das stimmt und das halte ich auch. So kannst du etwas schreiben.

Vergiß niemals, wer du bist. Wenn du in dieser Welt handelst, so tue das nicht aus niederen Trieben heraus, sondern aus deinem himmlischen Ursprung heraus. Handle als ein göttliches Wesen und nicht wie ein Tier. Laß deine positive Energie fließen und deine feinen Talente sich entfalten. Setze deine mentalen Kräfte so ein, daß sie dir selbst und deinen Mitmenschen in aufbauender Weise dienen und verhalte dich stets so, daß du dich niemals schämen mußt und nichts zu bereuen brauchst.

Laß Gott in dir handeln.

Alle Not, alle Angst und Furcht, Kummer und Sorgen entstehen, weil du nicht aus deinem innersten Wesen heraus handelst, sondern aus deinem persönlichen Selbst, das auf den eigenen Vorteil bedacht ist. Wenn du von Liebe durchdrungen bist, wird alles, was du sagst, fühlst, denkst und tust, von dieser Liebe ebenfalls durchdrungen sein und stets zu deinem und dem Wohle aller dienen.

(Es ist ein trüber Tag, dunkel, grau und „ungemütlich".)

Du siehst jetzt die Sonne nicht und doch ist sie da und nährt dich. Könntest du dich nur wenige tausend Meter nach oben erheben, wäre nichts als strahlender Sonnenschein. Könntest du dich über deine Sorgen, Ängste und negativen Gefühle und Gedanken erheben, wäre so in dir ebenfalls nur Leuchten, denn dann könntest du das Strahlen deiner inneren Sonne wahrnehmen.

Diszipliniere dein Denken, das ist nötig und wichtig, damit du auf deinem Weg weiter voranschreitest. Aber sorge dich nicht, *du schreitest voran*, mache dir keine Sorgen deswegen und kümmere dich nicht darum.

Verstehe, daß das *IST* die Vollkommenheit darstellt. JETZT ist alles vollkommen!

(Ich hatte den Impuls, etwas Bestimmtes zu machen, und frage, ob das richtig für mich sei.)

Alles, was dir Freude bringt und dein Herz erfüllt, ist „richtig".

15. 7. 2002   Die innere Wahrnehmung schulen

Sei herzlich willkommen zu unserer „Verabredung". Gerne möchte ich dir etwas mitteilen.

Unsere Arbeit umfaßt alle Bereiche und Ebenen, die euch zugänglich sind, sowie viele weitere Bereiche, die ihr noch nicht erfassen könnt. Wir sind unermüdlich tätig, um der Erde einen großen Entwicklungsschritt zu ermöglichen. Es ist wichtig, daß ihr euch ebenfalls darauf vorbereitet, indem ihr eure innere Wahrnehmung schult. Das könnt ihr durch verschiedene Übungen.

Zum Beispiel könnt ihr täglich ein- oder mehrmals einfach üben, dem allerersten Impuls, das ist kein Gedanke, sondern sozusagen eine innere Regung, zu folgen und somit der Stimme des Geistes zu gehorchen. Euer Verstand ist so stark, und er übertönt ständig die zarte Stimme des Herzens und die Eingebungen der geistigen Welt.

Eine weitere wichtige Übung, an die ich erinnere, ist die, Gedanken tatsächlich in die Tat umzusetzen, und das möglichst ohne große Verzögerung. Je länger ihr wartet, um so stärker und lauter wird das Gerede im Kopf, und zum Schluß wißt ihr überhaupt nicht mehr, was ihr tun sollt.

Wir lieben euch und wollen euch helfen, jedoch ist es an euch, Gedanken und Impulse wahrzunehmen und umzusetzen. Wir können viel tun, aber ihr müßt auch mithelfen und euer Bemühen einsetzen. Jedes Bemühen wird belohnt werden. Bündelt eure Kraft und euren ganzen Willen auf *ein* Ziel, und ihr werdet es erreichen.

25. 7. 2002   Schenk-Kreise

(Ich bitte Hilarion, etwas zu den Schenk-Kreisen zu sagen.)

Ihr seid die Motoren, die den Kreis bewegen, ebenso wie die Bremsen, die ihn zum Stillstand kommen lassen. Doch was ist bei einem Fahrzeug „besser" oder „schlechter": die Bremsen oder der

Motor? Kann man das sagen? Beides gehört zum Fahrzeug, das eine dient der Beschleunigung und Bewegung, das andere der Verlangsamung und dem Anhalten und Stillestehen. Mal wird das eine benötigt, mal das andere je nach Erfordernis.

Ihr sollt und dürft aktiv sein, aber die Motivation, aus der heraus ihr handelt, ist wichtig. Verliert nie das Wohl des Ganzen aus den Augen und handelt nicht selbstsüchtig.

Ihr habt in dieser Zeit solch ungeheure Macht, wie notwendig ist es da, aus der Liebe und der Wahrheit heraus seine Entscheidungen zu treffen.

Wir sind bei euch, wenn ihr in der „Konferenz" seid, und wir sind euch ganz nahe, wenn ihr persönlich zusammenkommt. Wir freuen uns darauf, bei Christel zu sein und ihr neues „Zuhause" zu segnen, so wie wir jedes andere „Zuhause", wo ihr euch trefft, mit unseren segnenden Strahlen reinigen und erhellen.

Wie tief sind wir verbunden und wie groß ist die Liebe, die uns vereint!

9. 8. 2002   Schwingungserhöhung

(Ich bin mit meiner Tochter im Urlaub bei Verwandten. Es ist morgens kurz vor 5 Uhr, ich habe die ganze Nacht nicht schlafen können, obwohl ich todmüde bin. Ich frage Hilarion, ob er etwas sagen möchte.)

Ich habe immer etwas zu sagen, wenn ihr euer Herz öffnet, um zu hören.

Große Umwälzungen geschehen. Schwingungen werden angehoben, dichte Materie wird feiner, und ihr werdet lichter und durchlässiger für die kosmischen Strahlen. Es ist immer noch so, daß du glaubst, wenn du z.B. Kopfschmerzen hast, daß du vielleicht etwas „Falsches" gegessen oder getrunken hast, daß du zuwenig geschlafen hast oder das Wetter dir nicht bekommt. Das alles beeinflußt dich tatsächlich, und doch siehst du nicht, daß viel, viel größere

Umwandlungen dahinterstecken, daß dein ganzer Körper bis in jede einzelne Zellstruktur und die DNS-Programmierung einer neuen Bewußtseinsstufe angepaßt wird. Selbst daß dir jetzt deine Zähne wehtun (im Moment habe ich tatsächlich Schmerzen überall am Zahnfleisch), ist nicht Zeichen von „falscher" Ernährung, sondern im Gegenteil – durch die geistige Nahrung bei der Zen-Meditation kann wieder etwas Altes aus dem Körper gelöst und wirklich entlassen werden. Freu' dich darüber. Viele eurer körperlichen Beschwerden haben mit „überirdischen" Dingen zu tun und sind Zeichen eurer Entwicklung.

Voller Liebe nehmen wir Anteil und begleiten euch. Seid umhüllt von unseren Strahlen und erinnert euch wieder einmal daran, daß ihr auf dem Weg in das Eine Licht seid. Beinahe seid ihr zu Hause – aus eurer Sicht. In Wahrheit gab es niemals eine Trennung oder ein Fortgehen von so etwas wie einem Zuhause. Im Herzen weißt du das und spürst, daß dies die Wahrheit ist. Erst jetzt ist die Zeit, da ihr erkennen könnt, wer ihr in Wahrheit seid.

Ich Bin bei dir allezeit. Spüre, wie wir zutiefst verbunden sind. Nichts kann diese Verbindung trennen, die zwischen allen Wesen besteht.

Laß dein Licht leuchten! Du bist ein Lichtkanal. Laß es strahlen! Erhelle damit alles, was du berührst. Welch ein Segen, welch eine Freude!

Wir grüßen dich und all diejenigen Lichtarbeiter, die diese Worte vernehmen. Wie wunderbar ihr seid!

25. 8. 2002   Seht die Zeichen

(Ich habe lange nichts geschrieben und frage mich, ob unser Kontakt überhaupt noch besteht.)

Aber natürlich tut er das, meine geliebte Schwester im Geiste. Wir *sind* verbunden. Ich freue mich, daß du dem Impuls, etwas zu schreiben, nun folgst.

Es ist eine wundersame Zeit, die ihr momentan durchlebt. Einerseits werden viele, viele Menschen heimgesucht von schlimmen „Katastrophen", äußerlich und innerlich, im Umfeld und privat. Andererseits geschehen zahlreiche wunderbare Dinge, die in diesem Ausmaß bislang nicht möglich waren. Unzählige Seelen finden nun Zugang zu ihrem wahren Selbst und nehmen Kontakt auf zu der Einen Quelle, aus der alles Sein entstammt.

Es ist so wichtig für euch, *jetzt* offen zu sein für die Winke der geistigen Welt, denn es werden euch dadurch wichtige Hinweise gegeben, wie ihr in nächster Zeit wirken sollt.

Wie ich euch schon mitgeteilt habe, ist nicht mehr die Zeit, weiterhin die alten Muster fortzuführen, sondern ihr tut gut daran, so zu leben, wie es euch eure innere Stimme sagt. Das kann durchaus bedeuten, eben auch längere Zeit einmal nicht zu arbeiten oder z.B. andere Nahrung zu sich zu nehmen oder andere Schlafenszeiten zu haben. Das, was immer schon so war, paßt heute auf vieles nicht mehr. Ihr habt noch keine Vorstellung davon, *wie* stark die Schwingung der Erde – und ihr mit ihr – sich schon verändert hat.

Doch fürchtet euch nicht! Ihr seid Kinder des Lichtes und euch kann nichts geschehen! Erinnert euch an eure Stärke, und so könnt ihr wie ein Fels in der Brandung stehen und für andere Seelen Wegweiser und Halt sein.

Wir sind in Liebe zutiefst verbunden. Spüre das – *jetzt in diesem Moment!* ....

(Eine Frau erzählte von einem Bild, das sie „bekommen" hat, wobei es sich um ein Zentrum mit 7 Säulen handelt, das von 7 Frauen, die sie benannt hat, geführt wird. Ich bitte Hilarion, dazu etwas zu sagen.)

Es ist wunderbar für sie, daß sie den Zugang zur inneren Stimme gefunden hat. Ihr Bild von dem Zentrum ist nicht geschaute reale Zukunft, sondern es gibt unzählige mögliche Zukunftsvarianten für euch. Sie hat nun eine Möglichkeit in den Äther geschickt, was nicht bedeutet, daß es sich genauso für euch realisieren wird.

Doch laßt euch nicht bekümmern, euer wahrer Plan wird zur Ausführung kommen, daran gibt es keinen Zweifel. Geht mit dem

Fluß des Lebens. Seid offen und empfänglich, stets wach und aufmerksam für alle Zeichen, die euch gegeben werden. Hier seid ihr wahrlich noch blind.

Übt, die Zeichen zu sehen! Dies soll eure „Hausaufgabe" sein für die nächste Zeit. Achtet auf die Zeichen und lernt, sie zu deuten.

26. 8. 2002   Katastrophen

(Bitte, Hilarion, sage etwas zu den schlimmen Unwettern, Überschwemmungen und Naturkatastrophen.)

Gegrüßt seid ihr Kinder des Lichtes.

Ihr seht Bilder von großen Fluten und dem Leid vieler Menschen, die davon betroffen sind, nicht nur hier in eurem Land, sondern beinahe rund um den ganzen Erdball. Ihr fühlt euch betroffen, schockiert, geängstigt oder hilflos. Ihr fragt euch, was das zu bedeuten hat. Und im Stillen hofft ihr, daß es euch nicht selbst auf diese Weise treffen möge. Denn ihr würdet dann alles verlieren, so wie die Menschen in den Fluten alles verloren zu haben glauben. Doch vergeßt niemals, daß ihr nur äußere, weltliche Dinge verlieren könnt. Das, was das Wichtigste ist, das, was euch ausmacht, könnt ihr nicht verlieren, weder durch Sturmfluten noch Erdbeben, Feuersbrünste oder andere „Katastrophen".

Euer innerstes Wesen ist unverletzbar, unsterblich, unvergänglich.

Nach Phasen des Windes mit gewaltigen Wirbelstürmen, Phasen des Feuers mit Vulkanausbrüchen, Waldbränden und Explosionen, nach Phasen der Erde mit Erdbeben und Erdrutschen erlebt ihr jetzt eine Phase des Wassers mit diesen sintflutartigen Regenfällen und großen Überschwemmungen.

Laß dir sagen, daß *alles gut ist!*

Das, was nach außen hin so erschreckend und furchtbar erscheint, ist einfach so, wie es ist. Es ist eine große Reinigung, und die Erde säubert dadurch viele Wunden, die ihr zugefügt wurden.

Menschen „verlieren" ihr Hab und Gut, müssen tatsächlich alles Alte fahrenlassen und haben die *einmalige* Gelegenheit, vollkommen *neu* zu leben. Wenn sie innerlich auch alles Alte fahrenlassen könnten, so wäre das fürwahr ein himmlisches Geschenk.

Was glaubt ihr, daß es die Betroffenen „zufällig" getroffen hat?

Wie könnt ihr das denken?! Alle, die davon betroffen sind, haben dem auf geistiger Ebene zugestimmt, auch wenn es euch schwerfällt, das zu glauben.

Es ist entscheidend wichtig, das Gute darin zu sehen. Lamentiert nicht. Jammert nicht darüber, wie „schlimm" das alles ist. Nein!! Richtet euren Blick auf den Geist. Seht, was er bewirkt, wie stark er ist. Seht, wie die Liebe die Menschen näher zusammenbringt und vereint, selbst dort, wo noch vor kurzem Neid, Haß, Ärger und Mißgunst waren. Hier geschieht auch eine Reinigung der Herzen der Menschen, und die äußeren Umstände sind notwendig dafür.

(Wie sollen wir uns angesichts dieser schlimmen Bilder und Nachrichtenflut verhalten?)

Bleibt ruhig! Bleibt zentriert! Bildet einen starken Mittelpunkt für euer Umfeld. Strahlt Gelassenheit, selbst angesichts dieser Umstände, aus. Wenn ihr darauf angesprochen werdet, so laßt euch nicht ein auf langes Lamentieren und Darüber-reden. Schickt starke Gedanken der Kraft und Zuversicht, sendet starke Gefühle der Liebe und Freude aus. Ja, der Freude! Nährt nicht das Mitleid und die negativen Schwingungen, sondern eure Zuversicht, euer Glaube und eure innere Kraft helfen den Menschen wirklich. Alles andere ist keine wahre Hilfe für sie.

Alles kommt und vergeht. Auch diese Katastrophen sind kleine Wellen auf dem Ozean des Lebens, die kommen und vergehen. Meßt ihnen nicht zu viel Bedeutung bei. Seht dahinter das, was ist – die Stille und Ruhe des ewigen Seins.

Denkt nur – es gibt Menschen, die geben freiwillig alles fort, was sie besitzen – und sind glücklich dabei! Warum? Weil sie nicht am irdischen Besitz haften, sondern ihnen ist nur eines wichtig, nämlich nach dem höchsten Ziel zu streben. Sie geben freiwillig, was anderen gewaltsam genommen wird. So laßt die Dinge innerlich los, bevor sie euch vielleicht von außen gewaltsam genommen werden. Hortet nicht mehr und mehr, sondern trennt euch eher (innerlich) von den Dingen der materiellen Welt.

Ein erleuchteter Geist läßt sich durch nichts beunruhigen. Nichts kann seinen inneren Frieden stören.

(Ich danke dir sehr, Hilarion.)

Ich freue mich, daß du wieder zu schreiben angefangen hast. Bitte tue dies öfter.

Segen umhülle dich allezeit.

27. 8. 2002   Sei du selbst

(Guten Morgen, Hilarion. Ich habe schon wieder arge Kopfschmerzen, wie so oft in den letzten Wochen. Was ist das?)

Einen wunderbaren Morgen wünsche ich auch dir. Gesegnet sei der heutige Tag. Es geht deinem Kopf nicht gut, ich spüre das auch. Doch sei weder beunruhigt noch ärgerlich. Es wird vorübergehen wie so vieles, was du in deinem Körper spürst. Kosmischer Wandel findet im Kleinen wie im Großen statt, und seine Auswirkungen können ganze Sonnensysteme betreffen oder aber „Sonnensysteme“ in deinem Körper, das heißt, Zellsysteme und Teilchen auf noch kleineren Ebenen. Auch deine Wandlung schreitet voran. Selbst wenn der Kopf schmerzt, könntest du dich darüber freuen. Bei anderen Weggefährten tritt die Veränderung offener zutage, bei dir ist sie nach außen nicht so sichtbar, findet jedoch genauso statt. Und über das Maß solltest du dir keine Gedanken machen. Jeder hat sein Maß, das für ihn in diesem Augenblick das richtige ist. Was kümmerst du dich um diese Dinge? Lebe! Sei wach! Bringe Freude zum Ausdruck! Sei kreativ! Wenn du den Pinsel zur Hand nimmst, werden wir ihn führen, und es können „überirdische“ Bilder entstehen. Aber du mußt deine Trägheit überwinden und es tun!

Das *ganze* göttliche Potential ist in jedem Menschen vorhanden! Macht etwas daraus! Nutzt diese Kräfte und Fähigkeiten.

178

Du darfst dich unterwegs auf deinem Weg ausruhen, wenn du es brauchst, und doch solltest du nie wirklich stehenbleiben. Erinnere dich an all die Übungen, die wir dir schon gegeben haben, und praktiziere sie! Setze die Worte in Taten um, sonst veränderst du nichts.

(Was kann/soll ich heute speziell tun/üben?)

Du kannst den ganzen Tag über versuchen, du selbst zu sein. So handle und spreche nicht vorschnell und ohne Überlegung, sondern frage dich immer wieder, ob das wirklich das ist, was du denken, fühlen oder tun willst. Tue nichts aus einem unangenehmen Gefühl heraus, sondern versuche so zu sprechen und zu handeln, daß du dich damit im Innersten gut fühlst und dein Herz „ja" dazu sagt. Vermeide Floskeln und stereotype Sätze und gewohnheitsmäßige Handlungen. Versuche neu zu sein in allem, was du tust – ob denken, fühlen, sprechen, handeln. Laß Gott das alles aus dir heraus tun!

9. *Jetzt* leben

28. 8. 2002   Geldnöte

(Es erhob sich in unserem Kreis die Frage, warum so viele spirituelle Frauen „aus dem letzten Loch pfeifen". Was soll das? Wozu ist das gut? Das muß doch nicht sein. Es gehört hier „unten" eben dazu, daß man Geld haben muß, um leben zu können!)

Ja, ich habe deine Frage gehört, und natürlich stimmt es, daß ihr in einer von Geld geprägten Umwelt lebt. Euer Denken kreist ständig um dieses Thema, und eben weil es ein Thema ist, deshalb wird es für euch zum „Problem". Könntet ihr Gedanken und Gefühle der Fülle und des Reichtums nähren und in eurem Geiste halten, so würdet ihr dies selbstverständlich auch im Außen erfahren.

Euer Bewußtsein ist der Schlüssel. Aber daß ihr noch nicht gänzlich das Bewußtsein der Fülle und des Überflusses erreicht habt, ist weder „schlecht" noch „schwach", noch ist es ein Zeichen dafür, daß ihr „nicht weit" entwickelt seid, wie ihr vielleicht glaubt. Nehmt es einfach als Erfahrung, die ihr macht, und seid dankbar für all das, was ihr habt.

Jedoch, ihr könnt alles verändern, wenn ihr euer Bewußtsein verändert. *Ihr* erschafft euch eure Welt!

(Ich weiß nicht, *wie* ich das machen soll mit dem Reichtum, ich habe schon so viel daran gearbeitet – wie die anderen Frauen auch mehr oder weniger – aber nichts funktioniert!)

Doch, es funktioniert, wenn ihr Glauben habt. Der Glaube fehlt.

29. 8. 2002   Denkt selbst

Sei aus dem Lichte gegrüßt!

Wir haben bereits gewartet, daß du dich bei uns „meldest". Wie schön, daß du bereit bist.

Vergeßt alles bisher Gelernte, alles, was euch in euren Kindertagen „antrainiert" wurde, und alles, was ihr von außen „eingetrichtert" bekommen habt. *Denkt selbst!* Ihr wißt kaum, wie wenige Gedanken wirklich eure eigenen sind. Achtet einmal darauf. Nehmt euch ab und zu einen Gedanken und durchleuchtet ihn. Prüft, woher er kommt – vielleicht steckt eine alte Anweisung der Eltern dahinter, die Meinung eines Lehrers, etwas, das ihr aus Zeitung, Fernsehen oder Büchern übernommen habt? Hast du eine eigene Meinung? Prüfe das. Ich sage nicht, du solltest eine haben, ich sage aber, du solltest selbst denken.

Du kannst durch diese Übung, ab und zu deine Gedanken nach ihrem Ursprung zu sezieren, einfach feststellen, in welchem Maße du fremdbestimmt bist und dich manipulieren läßt oder ob du du selbst bist und Herr deiner eigenen Gedanken. Du wirst dabei feststellen, wieviel „Müll" sich in deinem Kopf befindet und wie viele Gedanken schlicht überflüssig sind.

Laß dein Bewußtsein von Zeit zu Zeit aus dem Kopf hinabsinken in dein Herz und höre, was dort „gedacht" wird.

Tiefe Liebe wohnt da und wird lebendig werden, wenn du dich des öfteren dorthin begibst.

Du bist da, wo dein Bewußtsein ist. Du bist das, was Inhalt deines Bewußtseins ist.

Liebe und Freude strahlen in diesem Augenblick aus zu euch und erhellen eure Herzen und alles, was ihr berührt. Offenbart die großen Schätze des Geistes und weist den Weg für andere Seelen, die euch folgen.

Wir schließen euch ein in unsere Kraft. So geht gestärkt in diesen wunderbaren Tag!

30. 8. 2002   Der Glaube entscheidet

(Ich hatte gestern einen ganz schlechten Tag. Kam mir wieder einmal total minderwertig, arm und unfähig vor, heute morgen ist es etwas besser. Aber jetzt habe ich Kopfschmerzen, weil ich die letzten Nächte schlecht geschlafen habe.)

Guten Morgen, ich bin da. Du kannst mich etwas fragen, wenn du möchtest.

(Ja, ich frage nochmals, wie komme ich aus meiner finanziell schlechten Lage heraus, und zwar ganz schnell?)

Du mußt glauben, daß es geht. Der Glaube ist das Entscheidende, das habe ich dir schon gesagt. Das Vertrauen muß stark sein. Laß keine Zweifel aufkommen.

(Wie denn, wenn ich gerade überhaupt kein Geld im Portemonnaie habe?)

Es könnte im nächsten Moment viel Geld zu dir kommen, wenn du dich nicht durch Angst, Sorgen und Zweifel blockierst. Der Strom des Geldes muß fließen können. Ängste und Zweifel und einengende Gedanken sind Hindernisse im Fluß oder wie Staudämme, die das Fließen aufhalten oder ganz verhindern.

(Im Moment sitzt das Gefühl, nichts zu haben, so tief drin, was soll ich tun?)

Glaube, daß du es bekommst, dann kommt es.

(Ich brauche es *jetzt*!)

Du wirst es bekommen. Wir schicken dir etwas. Vertraue!

31. 8. 2002   Reichtum entsteht im Geist

(Warum habe ich keine Arbeit, kaum Klienten, kein Geld?)

Du brauchst die Zeit und Ruhe jetzt für dich. Es wird so vieles auf ganz tiefen Ebenen transformiert und erneuert, dafür ist es wichtig, daß deine Kraft dir selbst zur Verfügung steht und bei dir bleibt.

(Bitte, dann schickt mir Geld, aber bitte sofort, ich habe nichts mehr!)

Es ist unterwegs. Die Fülle ist da. Öffne deine Augen und schaue. Reichtum ist zuerst im Geiste, nur von dort kann er sich in die materielle Welt manifestieren. So gib alle Gedanken der Armut, des Mangels und Nichthabens auf und nähre solche des Überflusses und grenzenlosen Daseins.

(Nachtrag: Ein paar Tage später bin ich plötzlich von mehreren Personen mit allem möglichen beschenkt worden, so daß die akute Notlage im Moment behoben war.)

2. 9. 2002   Grund zur Freude

(Vor zwei Tagen habe ich die Zusage bekommen, daß das Buch gedruckt wird. Ich bin so glücklich und danke dir zutiefst, Hilarion! Ich werde das am Donnerstag mit unserer GMG-Runde feiern. *Wir* werden das feiern, nicht wahr?)

Ja, das werden wir. Wo solch eine Herzensfreude herrscht, dort sind auch wir zugegen. Natürlich freuen wir uns mit dir und werden auch bei eurer Runde gegenwärtig sein.

Ich habe dir versprochen, daß unser Buch veröffentlicht wird, du siehst, du kannst vertrauen und sollst dir keine Sorgen machen!

Die Strahlen, die wir zur Erde senden, bewirken chemische und strukturelle Veränderungen in euren Zellen, und zwar auf verschiedenen Ebenen. Wichtig ist die Erweiterung und Veränderung eures genetischen Codes. Neben dem von der Wissenschaft inzwischen fast vollständig entschlüsselten Code gibt es „geheime" Codes, die nun in rascher Folge freigegeben werden können, da eure Entwicklung so rasch fortschreitet und ihr bereit dafür seid. Diese Codes bewirken, daß ihr auf vielen Ebenen „neue" Menschen werdet. Die Codes verändern die Menschen in ihrem Handeln, Aussehen, Körper, in ihrer Gesundheit, Lebensdauer, ihren Gefühlen und Denkstrukturen. Nichts kann so bleiben, wie es ist.

4. 9. 2002   Antwort auf den Terror

(Hilarion, ich rufe dich!)

Ich freue mich, daß ich in deinem Herzen willkommen geheißen werde.

(Was soll ich schreiben?)

Sei gewiß, daß die Erde lebt. Sie atmet und fühlt und leidet.

(Wie sollen wir nächste Woche mit der Wiederkehr des Tages des Anschlags auf das World Trade Center umgehen?)

Richtet euren Blick nicht in die Vergangenheit. Das, was geschehen ist, ist vorbei! Ihr seid die Vorreiter einer neuen Ära, so zeigt durch euer Vorbild, wie die Haltung solchen Umständen gegenüber sein sollte. Gerade an diesem Tag, dem Jahrestag des Terrorgeschehens in New York, solltet ihr in euch ruhen, ganz zentriert sein, euch nicht in Trauer und Jammern über die „armen Opfer" ergehen, sondern ihr könnt die Situation transformieren, indem ihr euch mit der inneren Quelle verbindet und dort ganz still ruht. Sendet Kraft und Liebe, Ruhe und Vertrauen aus, das wird den Menschen helfen. Und dankt den „Opfern", daß sie den Mut und die Größe hatten, sich auf diese Erfahrung einzulassen. Menschen kommen und Menschen gehen, die einen werden geboren, die anderen sterben, es ist ein ewiger Wandel.

Wißt ihr, daß ihr in Wahrheit unverwundbar und unsterblich seid?

(Ich bin zu müde zum Schreiben und möchte schlafen gehen.)

Du wirst wohl behütet sein während deines Schlafes und neue Kraft tanken können.

Liebe fließt zu dir in diesem Augenblick.

11. 9. 2002   Der 11. September

(Willst du etwas sagen zum 11. Sept. und zum Schenk-Kreis?)

Ich begrüße dich voller Freude.

Vertraue auf die Zukunft, auf das, was kommen wird. Wir ziehen unsere „Fäden", damit alles zum Besten ineinanderwirken kann. Seid voller Zuversicht und glaubt daran, daß alle „guten Geister" mit euch sind.

Der 11. September war ein Zeichen. Ein unübersehbares starkes Zeichen, das so kommen mußte, weil die vielen kleinen Zeichen zuvor nicht gesehen oder wahrgenommen wurden und weil die Menschen bis dahin nicht bereit waren, und viele sind es auch jetzt noch nicht, in Liebe miteinander umzugehen.

Und schaut, aus diesen beiden Türmen aus Beton, Stahl, Glas und Stein sind zwei Türme aus Licht geworden. Welch ein Symbol! (An der Stelle des eingestürzten World Trade Centers leuchtet jetzt ein Lichterdom aus zwei Lichtsäulen in den Nachthimmel.)

Richtet den Blick nicht zurück, sondern auf das, was *jetzt* ist. Dieses Geschehen hat im Bewußtsein der ganzen Menschheit etwas verändert. Es war ein Aufbäumen der dunklen Mächte, die spüren, daß das Licht immer stärker wird. Und es war auch ein Reinigungsprozeß der Erde, der notwendig war für ihre Heilung.

Ich sage euch noch einmal, dankt den Menschen, die dabei in die geistige Welt gegangen sind, und schließt es ab. Nehmt es als Gelegenheit, das Bewußtsein in euch zu stärken, eine „bessere" Welt zu erschaffen, in der nicht Angst und Terror herrschen, sondern die aus der Liebe und dem Licht heraus gelebt wird.

Öffnet euch. Gebt uns ein Zeichen eurer Bereitschaft, damit wir helfen und führen können, wo es nötig ist.

Der Schenk-Kreis hat eine Phase der Ruhe durchgemacht, es wird bald wieder mehr Bewegung in den Kreis kommen. Genießt eure Begegnungen und die Gemeinsamkeit, die euch stärkt und neue Impulse bringt.

Ihr bewegt den Kreis, meine Lieben, und ihr seid jetzt bereit, schneller vorwärtszuschreiten, da eine wichtige Entwicklungsstufe erreicht wurde. Freut euch, es geht aufwärts und aufwärts. Der Kreis ist im Grunde kein Kreis, sondern er ist eure Spirale des Lebens und des Aufstiegs. Schreitet weiterhin mutig voran und wenn ihr Momente der Resignation, der Traurigkeit, vielleicht auch des Zorns oder Ärgers spürt, so erinnert euch an euer Ziel und daran, daß es keinen Zweifel gibt, daß ihr es erreichen werdet. Wir sind bei euch. Jeden Schritt, den ihr macht, gehen wir auch. So spürt, daß ihr unsere Hilfe habt, und füllt eure Herzen mit Dankbarkeit und Freude! Und bringt diese zum Ausdruck.

Jetzt könnt ihr unsere Gegenwart spüren..........

Wie wunderbar, so tief verbunden zu sein. Die Gnade ist wahrlich mit euch.

19. 9. 2002   Alte Strukturen loslassen

Guten Morgen, meine geliebte Schwester auf der anderen Seite des Vorhangs. Ich stehe „hier" und du „dort", so empfindest du es, und doch gehören wir zusammen. Gerade jetzt verschmelzen unsere Energien zu einer Schwingung, so daß Kommunikation und Zusammenwirken möglich werden.

Wir auf „dieser" Seite haben voller Liebe und Freude darauf gewartet, daß du wieder bereit bist, etwas zu schreiben.

Bereitet euch vor auf den Quantensprung eurer Entwicklung. Laßt soviel Altes los wie ihr könnt. Ich wiederhole dies, damit ihr euch daran erinnert und es wirklich tut. Nehmt Abschied von euren alten Strukturen und diesen ganzen so bequemen Dingen, die ihr gewohnt seid. Sie sind euch nicht länger dienlich. Und hört, meine Lieben, es ist keine harte Arbeit mehr nötig für dieses Loslassen. Ein Akt des Bewußtseins genügt! Vorbei sind die Zeiten, da ihr alles „durcharbeiten", „aufarbeiten", ihr eben hart arbeiten mußtet. *Jetzt* ist alles so einfach. Jedoch ist nötig, sich bewußt auf diesen Prozeß einzulassen und offen zu sein. Seid gewillt, Veränderungen anzunehmen, bei euch selbst, in euren Lebensbedingungen, der Familie, dem Beruf, wo auch immer. Veränderungen werden in allen Bereichen stattfinden.

Und seid nicht traurig, wenn ihr etwas „verliert", wenn ihr etwas losläßt und euch davon verabschiedet. Es wird durch etwas

Wunderbares ersetzt werden. Wenn ihr etwas aus eurem Leben entlaßt, so werdet ihr nicht ärmer dadurch, vielmehr schafft ihr so die Möglichkeit, daß eine ganz neue Fülle zu euch kommen kann.

Unsere Herzen schwingen jetzt mit euren Herzen im Einklang. Spürt diese innige Verbundenheit! Wie sehr wir euch lieben und achten für das, was ihr tut! Bald, meine geliebten Brüder und Schwestern, werdet ihr die Ernte einfahren können, für die ihr so lange hart gearbeitet habt, für die ihr durch viele Schwierigkeiten und Nöte hindurchgegangen seid und für die ihr euch schon von so zahlreichen Dingen und Menschen verabschieden mußtet.

Eine weitere Stufe der Entwicklung ist erreicht, manche von euch können das sehr wohl spüren. Deshalb, macht es euch nicht so schwer oder kompliziert. Es wird immer einfacher für euch, zu erschaffen und euch die Welt zu kreieren, in der ihr leben wollt.

(Später)

Spürst du den Fluß des Lebens? Gib dich ihm hin, dann ist alles gut.

Ich segne dich und umhülle dich mit einem Mantel der Liebe.

Schlußwort

Ich bin es, Hilarion, der Aufgestiegene Meister des Lichtes, der Liebe und der Wahrheit.

Ich segne alle Lichtarbeiter und möchte euch meinen tiefen Dank aussprechen für die wunderbare Arbeit, die ihr vollbringt. Ohne eure Hilfe wäre der Aufstieg der Erde so nicht möglich.

Ich bin voller Freude und spreche zu dir, der oder die du diese Zeilen jetzt liest oder hörst. An dich sind die Licht-Botschaften gerichtet, auf daß du dich getragen fühlst von der Liebe und Kraft der Meister auf dieser Seite des Vorhangs. Wir waren, während du dieses Buch gelesen oder gehört hast, stets an deiner Seite, auch wenn dir das nicht immer bewußt war. Und wir werden dich auch weiterhin begleiten auf deinem Weg ins Licht. Das ist gewiß!

Sei dir bewußt, daß du niemals alleine gehst, niemals allein gegangen bist und auch niemals alleine gehen wirst. Denn du *bist nicht allein!*

Spüre jetzt unsere liebevolle Gegenwart und verankere diese tief in deinem Herzen, um sie in dir zu tragen, auch wenn du das Buch nun schließen wirst, um wieder „in die Welt" hinauszugehen.

Ich danke euch, meine wunderbaren geistigen Geschwister, daß ihr den Mut habt, der Stimme eures Herzens zu folgen.

Ich verabschiede mich und lasse Strahlen der Liebe und Kraft zu euch herabfließen. *Ihr seid wahrlich gesegnet!*

Bitte umblättern…

Inzwischen ist ein weiterer Band aus der Feder
Meister Hilarions erschienen:

Neue Lichtbotschaften
Gespräche mit Meister Hilarion

ISBN 3-89568-138-5

Weitere empfohlene Literatur zum Thema aus dem ch. falk-verlag

Der Mahatma-Prozeß von P. Arnold-Dinkel.
    ISBN 3-89568-104-0

Gott kommt nie zu spät von White Bull und G. Graham.
    ISBN 3-89568-069-9

Du hast die Wahl von Vywamus/Janet McClure.
    ISBN 3-924161-15-1

An die Sterngeborenen von Solara. ISBN 3-924161-55-0

Lachende Weisheit von Bartholomew. Bd. 1.- 4.
    ISBN 3-924161-29-1

Sternenbotschaft 1 und 2 von Carey.
    ISBN 3-924161-08-9 und -51-8

Aufbruch in das neue Jahrtausend von B. Bock.
    ISBN 3-89568-073-7

Der Neue Himmel und die Neue Erde von S. P. Fuller.
    ISBN 3-89568-077-x

Green Hills von Prinzessin Diana
    ISBN 3-89568-070-2

Nathanael, Engel der Liebe, bereitet den Weg in die neue Zeit
    von Lang.
    ISBN 3-89568-047-8

Das letzte Einhorn oder die Erde erwacht von Barry.
ISBN 3-89568-108-3

Die Geschichte der Hohenpriesterin von Ti Tonisa Lama.
ISBN 3-89568-110-5

Christus, Neue Lehren für eine erwachende Menschheit von Essene.
ISBN 3-89568-049-4

Lesen Sie auch das aktuelle Buch
der *Meister Kuthumi und Konfuzius*
Der Aufstieg der Erde 2012 in die fünfte Dimension

ISBN 3-89568-109-1